医療的ケア児の保育

実践から学ぶ共に育ちあう園づくり

市川奈緒子＋仲本美央＋田中真衣 著

中央法規

なぜ今「医療的ケア児の保育」なのか

　筆者らがなぜ本書のような「医療的ケア児の保育」の本を著したい、世に出したいと考えたかを振り返りますと、以下の2つの点が大きかったように思います。

　1つは、子どもの権利条約を持ち出すまでもなく、医療的ケア児もほかの子どもと全く同様の「保育を受ける権利」を有しているにもかかわらず、そのことが社会的に意識されたり理解されていないのではないか、という疑問および危機感です。あの「保育園落ちた日本死ね！！！」のブログが話題となった2016年以降、保育は子どもの権利というよりは、わが子を保育園に入れたい親の権利（もちろんそちらも大切です）という側面がクローズアップされ、どの自治体も待機児童ゼロを目指し、全国各地に保育園がどんどんできました。それにもかかわらず、医療的ケア児の保育は、全国レベルでみるとなかなかスムーズに進んでいったとは言い難いものでした。そして今、子どもの数の減少が進んでいるにもかかわらず、全国に保育園が急激に増えたことにより、各保育園に空きが目立ち始め、これまでは門戸を閉ざされがちだった医療的ケア児の保育が、その空きとの兼ね合いで語られることも出てきています。そんな社会に向けて、医療的ケア児の保育が、空きを埋めるものではもちろんなく、どの子どもにも保障されるべき、その子どもに合った適切な保育の創造と共に語られる場をつくり出したいと考えたことがあります。

　一方では、医療的ケア児の保育に取り組みながら、素晴らしい実践を生み出している保育現場があることを、筆者らは実際に知っています。そして、これらの実践が、子どもだけではなく、保護者を変え、保育者自身も変え、地域社会をも変えていくことを目の当たりにしてきました。本書を著したもう1つの理由は、そうした実践がどうして生み出されたのか、担う人達は何を考えていたのか、そしてそうした実践が何を生み出すのかを深く掘り下げ、社会に広く知ってもらえる媒体をつくりたいと考えたことがあります。

　本書は、「こうすれば医療的ケア児の保育ができる」というノウハウ本ではありません。しかし、ノウハウよりももっと大事なものを、登場する人達は伝えてくれます。本書が読者の方々に、医療的ケア児の保育を別の視点でとらえ直したり、医療的ケア児の保育に踏み出すきっかけを提供できたなら、筆者として大きな喜びです。

著者代表　市川奈緒子

1章 医療的ケア児をめぐる現状と制度

本章では、医療的ケア児についての基本的な情報を知っていただき、子どもや家族のおかれた状況や、社会全体で取り組むべき課題について理解を深めたいと思います。近年の、国を中心とした施策や法制度などの要点も紹介します。

1 医療的ケア児とは

1）医療的ケア児とは

　医療技術の進歩により、従来救えなかった命が救えるようになることが増えてきました。特に日本は、他国と比較しても、新生児死亡率と乳児死亡率が大変低い国です。助かる赤ちゃんが増えることに比例して、生きていくために医療デバイスを付け、医療的ケアが必要な子どもも増えています。例えば、気管切開や、酸素療法、経管栄養、中心静脈カテーテル、導尿などの管理です。このような子ども達は「医療的ケア児」と呼ばれています。

　医療的ケア児とは、日々生きていくために、恒常的に呼吸管理や喀痰吸引などの医療的ケアが必要な子どものことです[*1]。病気の治療のための医行為や風邪などのような一時的な服薬等は含まれません。生まれた後、NICU（新生児集中治療管理室）や小児病棟に長期入院し、その後在宅生活へと移っていく子どもが多いです。家庭でどうしても生活ができない状況にある医療的ケア児は、障害児入所施設、乳児院、里親といった社会的養護のなかで生活していきます。近年、在宅で生活している医療的ケア児が増えていて、2022 年には 2 万 385 人（厚生労働省ほか、2023 年）と推計されています。

　しかし、世の中にいきなり医療的ケア児と呼ばれる子ども達が誕生してきたわけではありません。この社会には、以前から医療的ケアが必要な子どもはいましたが、社会的な支援の枠組みとしては、重症心身障害児支援のなかで支援されていることが多くありました。重症心身障害児とは、重度の知的障害と重度の肢体不自由が重複している子どものことです。けれども、例えば医療的ケアが必要で、重度の肢体不自由があり寝たきりであるが知的障害がないという子どもや、医療的ケアが必要でも動くことができるという子どもは、重症心身障害児支援のサービスは使えないということが起こっていました。また、重症心身障害児と認定されても、地域に受け入れてくれる事業所がないということも、長年慢性的な社会課題となっていました。

　頼れる支援サービスが極端に少ないなか、昔から今現在も家族が満身創痍にな

[*1]　医療的ケア児及びその家族に対する支援に関する法律（医療的ケア児支援法）では「日常生活及び社会生活を営むために恒常的に医療的ケア（人工呼吸器による呼吸管理、喀痰吸引その他の医療行為）を受けることが不可欠である児童（18 歳未満の者及び 18 歳以上の高校生等を含む）」とされています。

りながら、一生懸命にケアをして育てている現状がずっとこの社会では続いてきています。社会的には、「医療的ケア児」という新たな用語と制度的枠組みが登場したことで、ようやく医療的ケア児支援資源の少なさという課題が認識され始めたという段階にあります。

２）医療的ケア児と家族の生活

　それでは、医療的ケア児とその家族はどのような生活を送っているのでしょうか。2020年3月に発表された「医療的ケア児者とその家族の生活実態調査報告書」（厚生労働省令和元年度障害者総合福祉推進事業）からみてみましょう。

「医療的ケア児者とその家族の生活実態調査報告書」（厚生労働省令和元年度障害者総合福祉推進事業）

■重症心身障害児の認定を受けている割合は64.3％

■必要な医療的ケア（複数回答）

　経管栄養（経鼻・胃ろう・腸ろう）が74.4％、吸引（気管内、口腔・鼻腔内）が69.0％、気管内挿管、気管切開が41.8％、ネブライザーが40.1％、酸素吸入が37.5％、人工呼吸器管理が33.0％

■現在利用している障害福祉サービス（図表1-1参照）

■家族の抱える生活上の悩みや不安等

・「慢性的な睡眠不足である」　71.1％

・「いつまで続くかわからない日々に強い不安を感じる」　70.4％

・「自らの体調悪化時に医療機関を受診できない」　69.7％

・「日々の生活は緊張の連続である」　68.0％

■家族が日々の生活で行いたいこと

・「家族一緒に外出や旅行をする」　96.8％

・「自分のための時間を持つ」　96.7％

・「家中の掃除をする」　95.1％

・「健康診断にいく」　94.8％

・「趣味を楽しむ」　94.4％

■家族の生活における困りごと

・保育園が見つからないので仕事をやめなければならない

・医療的ケア児を抱えて就労しているが、かなり困難

・医療費や通院費がかさむのに対し、離職で収入が減る

・親が亡くなった後のことが心配

・医療的ケアがあるだけで保育園や幼稚園などの受け入れがほぼない

・児童発達支援事業所で、医療的ケアに対応してくれるところが少ない

・保育園への看護師配置について役所も一緒に考えてほしい

・市役所に聞いても情報がほとんどなく、たらい回しにされる

・夜だけ呼吸器だが、夜中数回起きて寝返りさせたり、体調が悪い時に、常時ケアをしてあげたりして、心身の疲れが溜まっている

・毎日子どものケアにあたって、徐々に社会から孤立している感じがする

・医療的ケアを始めて10年、精神的にしんどくなってきた

・常に気が張った状態でイライラがおさまらない

・一人になりたくてもなれない

・発狂しそうになる

・きょうだいを公園に連れていってあげたくても、医療的ケア児とともに外で見るのは難しく、きょうだいともに外で遊ぶということをさせてあげられない

・幼稚園や保育園のように、医療的ケアの必要な未就学児が親と離れ、友達と色々な経験をして成長できる場がほしい

など

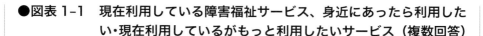

●図表 1–1　現在利用している障害福祉サービス、身近にあったら利用したい・現在利用しているがもっと利用したいサービス（複数回答）

■　現在使用しているサービス（n＝843）
■　身近にあったら利用したい、現在利用しているがもっと利用したいサービス（n＝843）

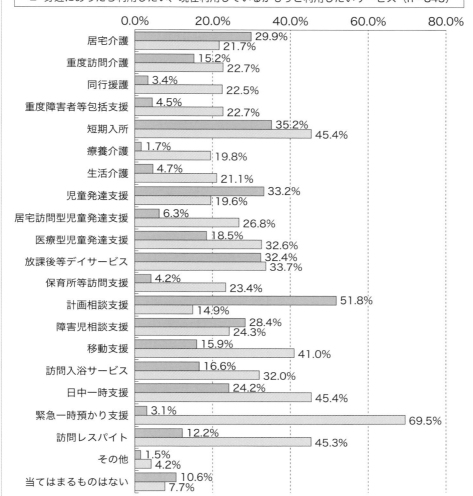

サービス	現在使用している	身近にあったら利用したい
居宅介護	29.9%	21.7%
重度訪問介護	15.2%	22.7%
同行援護	3.4%	22.5%
重度障害者等包括支援	4.5%	22.7%
短期入所	35.2%	45.4%
療養介護	1.7%	19.8%
生活介護	4.7%	21.1%
児童発達支援	33.2%	19.6%
居宅訪問型児童発達支援	6.3%	26.8%
医療型児童発達支援	18.5%	32.6%
放課後等デイサービス	32.4%	33.7%
保育所等訪問支援	4.2%	23.4%
計画相談支援	51.8%	14.9%
障害児相談支援	28.4%	24.3%
移動支援	15.9%	41.0%
訪問入浴サービス	16.6%	32.0%
日中一時支援	24.2%	45.4%
緊急一時預かり支援	3.1%	69.5%
訪問レスパイト	12.2%	45.3%
その他	1.5%	4.2%
当てはまるものはない	10.6%	7.7%

（注）「その他」として、「行動援護」、「訪問リハビリ」、「訪問看護」等の回答があった。
出典：三菱 UFJ リサーチ＆コンサルティング「医療的ケア児者とその家族の生活実態調査報告書」（厚生労働省令和元年度障害者総合福祉推進事業）、p.35、2020 年

　紹介したデータは一部ですが、どの調査においても、医療的ケア児の保護者の生活の大変さは手に取るように伝わってきます。保護者が自分のために通院ができなかったり、慢性的な睡眠不足であったり、過度なストレスがかかっていたりするなど、いわゆる保護者が健康な状態でいることが難しいことがあります。そして、入園を拒否されたり、社会サービスを受けられなかったりと、社会から断られるという、本来しなくてもよい経験を多くしている現状があります。

●図表 1-2　事例：ひとり親家庭【キーワード：ひとり親家庭／人工呼吸器管理】

- ●4歳の重症心身障害児。数か月の入院後、体調の回復に努めており、ほぼ自宅で生活をおくっている。
- ●子どもの人見知りが強く、体調を崩しやすいため、サービスの利用は限定的。
- ●現在は祖父母のサポートもあるが、母親は睡眠時間2〜3時間の状況で、子どもの体調管理を24時間担っている。経済的な負担や将来について大きな不安を抱えている。

▶医療的ケア児の状況

年齢	4歳
必要な医療的ケア	人工呼吸器管理、気管切開、酸素吸入、吸引、経管栄養
手帳の保有状況	身体障害者手帳（肢体不自由1級）
座位／寝返り／移動の状況	支えれば座ることができる、寝返り・移動は難しい
重症心身障害児者の認定	有
医療費の助成状況	小児慢性特定疾病医療費助成制度
受診状況	外来診療（月1回、子ども病院）、訪問診療（月2回）

▶ご家族の状況

- ・近隣に住んでいる祖父母のサポートを受けながら、母、子の2人で生活をしている。移動手段は、公共交通機関。
- ・母：訪問看護の利用時と自身の入浴時間以外、ほぼすべてのケアを担っている。
- ・祖母：吸引と入浴の介助が可能であり、平日の夜間や休日にケアの支援をしている。
- ・祖父：医療的ケアはほとんどできない。

▶平均的な1日のスケジュール（平日）

	子ども	母親	
0時	2時間おきに体位交換 30分に1回は吸引 経管栄養①	←自分で動くことができないので、定期的な体位交換が必要 ←痰は多いときは10分に1回のペースで吸引する ←液化した栄養剤を注入。夜間は入れっぱなし	
1時			
2時		睡眠時間は、毎日2〜3時間 余裕があるときは、お昼に仮眠する	
3時			
4時		起床 ←オムツ交換、よだれを拭うなど	
5時		←栄養剤の準備	
6時	起床 経管栄養②	経管栄養・朝食・洗濯 ←数回に分けて栄養剤を注入。2〜3時間かかるので、注入をしながら朝食、洗濯などを行う	
7時			
8時			
9時			
10時	訪問看護・入浴	←お風呂の準備や後片付けなどを行う。突然の体調変化があるので、訪問看護利用中も見守りをする	
11時		←栄養剤の準備	

子どもが緊張して体調を崩しやすいので、
サービスの利用は最低限にし、
ほぼすべて母親がケアする

12 時	経管栄養③	
13 時	↓	**昼食・家事** ←体位交換や吸引をしながら、洗濯物を取り込んだり、掃除をしたりと家事を行う ゆっくりできる時間でもあり、仮眠をして夜間のケアに備えることも
14 時		
15 時		
16 時		
17 時		←栄養剤の準備
18 時	経管栄養④	
19 時	↓	**夕食の準備・夕食・後片付け**
20 時		
21 時	就寝	**入浴（祖母のサポート）** ←近隣に住む祖母がケアを行う間に、短時間で入浴する 〔祖母は気管吸引ができないため、入浴は短時間になる〕
22 時	↓	**就寝**
23 時		

出典：図表 1-1 と同じ、pp.123-124

3）医療的ケア児の 1 日の流れ

　医療的ケア児を育てている生活はどのような毎日なのでしょうか。図表 1-2 の事例からみていきたいと思います。

　子育てをしていると、毎日あわただしくなると思いますが、医療的ケア児を育てている方の 1 日は、通常の家事、子育てにプラスアルファで医療的ケアが必要になります。頻回のたんの吸引や身体のケアが求められます。経管栄養で摂る食事は、ゆっくり栄養剤を入れていくので、時間がかかります。親は 22 時に就寝しますが、じょくそう予防のための体位変換が 2 時間おきに必要で、呼吸器のたんの吸引のために 30 分に 1 回起きて、吸引しなければなりません。そのため、まとまった睡眠がとれず、慢性的に疲れがたまってしまっているという状況です。そして、自分の医療的ケアに、子どもの生命がかかっているという責任感と緊張感を常に感じながら生活しているという、心身共にストレスがかかる日々を送っています。

4）医療的ケアをできる者

　なぜ医療的ケア児支援サービスが社会で少ないのかということは、医療的ケアをできる人が限定されていることが大きな要因の一つとなっています。医師法では、第 17 条に「医師でなければ、医業をなしてはならない」と規定されています。

この条文解釈では、「『医業』とは、当該行為を行うに当たり、医師の医学的判断及び技術をもってするのでなければ人体に危害を及ぼし、又は危害を及ぼすおそれのある行為（医行為）を、反復継続する意思をもって行うことである」と示されています。つまり、医師でない者は、医行為を反復継続する意思をもって行うことは禁じられています。なお、看護師は医師の指示の下、医行為の一部を実施できます。しかし、高齢者や障害者ケアなどの生活支援現場で、介護職員等による一部医行為実施のニーズが高まりました。そこで、医行為の範囲の明確化が行われ、厚生労働省の通知により、「実質的違法性阻却」という解釈で、介護職員等のたんの吸引等はやむを得ない措置として、一定の要件の下で例外が容認されてきました。2010年に「介護職員等によるたんの吸引等の実施のための制度の在り方に関する検討会」が開催され、2011年の社会福祉士及び介護福祉士法の一部改正に伴い、一定の研修（喀痰吸引等研修）を修了し、たんの吸引等の業務の登録認定を受けた介護職員等（認定特定行為業務従事者）が、一定の条件の下に、登録事業所において図表1-3のように特定の5つの医療的ケア（①口腔内の喀痰吸引、②鼻腔内の喀痰吸引、③気管カニューレ内の喀痰吸引、④胃ろうまたは腸ろうによる経管栄養、⑤経鼻経管栄養）を医師の指示の下、実施できるよ

●図表1-3　特定行為の具体的内容

喀痰吸引（たんの吸引）
・筋力の低下などにより、たんの排出が自力では困難な者などに対して、吸引器によるたんの吸引を行う。

経管栄養
・摂食・嚥下の機能に障害があり、口から食事を摂ることができない、または十分な量をとれない場合などに胃や腸までチューブを通し、流動食や栄養剤などを注入する。

①口腔内　②鼻腔内 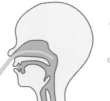　③気管カニューレ内 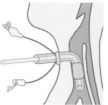　④胃ろうまたは腸ろう 　⑤経鼻経管栄養

・たんの吸引は咽頭の手前までを限度とする。
・たんの吸引が必要な頻度は、常時必要な場合や、食事前や寝る前だけ必要な場合など、一人ひとりによって異なる。

・たんの吸引は気管カニューレ内に限る。

・経管栄養のうち、最も多く利用されているのが経鼻経管栄養である。胃ろう・腸ろうの場合は喉に留置しないことで、身体的な負担が少ないという利点がある。
・胃ろう・腸ろうの状態に問題がないことおよび鼻からの経管栄養のチューブが正確に胃の中に挿入されているかどうかの確認が重要であり、当該確認は、看護師等が行う。

出典：厚生労働省「社会福祉士及び介護福祉士法の一部を改正する法律の施行について」（平成23年11月11日社援発1111第1号厚生労働省社会・援護局長通知）および文部科学省「学校における医療的ケアの実施に関する検討会議」資料をもとに作成

うになりました。この改正により、保育士なども特定の医療的ケアについて実施することが可能となりました。具体的には、在宅か特別支援学校か、特別養護老人ホームかといった提供場所の違いや、対象者の違いによって、医療的ケアの内容や要件が異なっています。

　喀痰吸引等研修は第1号から第3号まであります。喀痰吸引等研修第1号と第2号は、不特定多数の者に実施できます。第1号は口腔内、鼻腔内、気管カニューレ内の喀痰吸引と経管栄養を行うことができます。第3号は、特定の者、つまりAちゃんひとりに対して特定行為を認めるものです。そのため、この研修を受けている場合でも、別の医療的ケア児に対しては認められないので、例えばAちゃんが卒園して、別の医療的ケア児が入園してきた場合、再度研修を受講する必要があります。

●図表1-4　喀痰吸引等研修の種類

	対象	内容
第1号研修	不特定多数の者を対象	喀痰吸引（口腔内、鼻腔内、気管カニューレ内）、経管栄養（胃ろうまたは腸ろう、経鼻経管栄養）の5行為すべてを行う
第2号研修	不特定多数の者を対象	上記5行為のうち任意の行為を選択し実地研修を行う
第3号研修	特定の者を対象	特定の者に対する必要な行為を行う

2 社会の動きや法制度

1）「永田町子ども未来会議」設置

　永田町子ども未来会議とは、2015年に発足した超党派の議員と関係者の会議です。発足当初は、広く子どもの社会的諸課題について検討する予定でしたが、実質、医療的ケア児に関する課題のみを扱う会議となっています。回を重ねるごとに新たな関係団体や医療的ケア児保護者団体、議員など参加者も増えています。不定期に会議が開催され、その模様は現在動画で公開されています。

　医療的ケアが必要な子どもへの支援体制については、以前からある社会課題でしたが、医療が常時必要な子どもや重症心身障害児の地域支援の社会課題に真っ向から向きあって、制度化に尽力する議員や発信するマスコミもほぼいませんでした。この会議では、影響力がある議員や、マスコミに信頼がある子どもの福祉

に関するオピニオンリーダーが中心に動いているということもあり、社会の耳目を集められてきています。それは、行政内でも功を奏しています。このような影響力がある会議に行政担当部局が呼ばれ、現状報告をしたり要望を受けたりするので、数多くの社会課題に埋もれている政策立案現場での医療的ケア児支援策の優先度は上がり、そのおかげでスピーディーに制度は前進しています。マスコミ関係者も参加して発信していることもあり、世の中にも「医療的ケア児」の認識はぐっと広まりました。

２）「児童福祉法」規定

　永田町子ども未来会議の勢いにより、2016年6月3日に「障害者の日常生活及び社会生活を総合的に支援するための法律及び児童福祉法の一部を改正する法律」が公布・施行され、児童福祉法第56条の6第2項に医療的ケア児について初めて法律に示されました。条文では、「地方公共団体は、人工呼吸器を装着している障害児その他の日常生活を営むために医療を要する状態にある障害児が、その心身の状況に応じた適切な保健、医療、福祉その他の各関連分野の支援を受けられるよう、保健、医療、福祉その他の各関連分野の支援を行う機関との連絡調整を行うための体制の整備に関し、必要な措置を講ずるように努めなければならない」と規定されました。

　この条文が、子どもの福祉に関する基本法となっている児童福祉法に明記された意義はとても大きいことです。まず、「医療的ケア児」が初めて法律に示されたことです。次に、医療的ケア児支援体制に関係する分野が一つでは解決せず、分野および行政内の所管部署も連携しなければならないことが示されたことです。これにより、地域や行政内で、どこか一つの分野や部署が責任を負うことを求めて、無駄な責任者決め争いが発生することを予防・防止することの根拠の一つとして存在できることです。

３）地方自治体へのアプローチ

　急速な勢いで医療的ケア児支援の制度化は進んできていますが、明らかに国と地方自治体の間でその状況把握と温度に格差が生じていました。熱心に体制整備を進めようとする自治体もありましたが、「うちの地域にはそのような子はいない」「十分な看護師がいないので対応できない」といった声もよく聞かれました。そのため、国の担当部局から自治体宛に丁寧なお願いと、このスピード感を伝えるための働きかけが必要でした。

　そこで、まずは児童福祉法に明記された時点で、条文を補填する具体的な措置

内容等を示した部局長連名通知「医療的ケア児の支援に関する保健、医療、福祉、教育等の連携の一層の推進について」（医政発 0603 第 3 号・雇児発 0603 第 4 号・障発 0603 第 2 号・府子本第 377 号・28 文科初第 372 号厚生労働省医政局長、厚生労働省雇用均等・児童家庭局長、厚生労働省社会・援護局障害保健福祉部長、内閣府子ども・子育て本部統括官、文部科学省初等中等教育局長通知）が、公布日と同日に発出されました。この連名通知で、保育関係についても、保育所等、幼稚園、認定こども園において、医療的ケア児のニーズを受け止め、受け入れ体制を配慮することが明記されています。また、地域での関係者の協議の場の設置と開催、連携をコーディネートする人の育成を進めること、モデル事業などを参考にした連携体制構築の推進についてお願いされています。

　次に、「医療的ケア児の地域支援体制構築に係る担当者合同会議」が厚生労働省内で開催されました。各自治体（都道府県と政令指定都市）の領域担当者 5 名が参加する会議で、国の各担当部局から行政説明と先駆的自治体の取り組み紹介、地域における行政内の協働を少しでも進められるようなきっかけづくりの取り組みが行われました。「協働」や「連携」というのは、口で言うのは簡単なのですが、多忙を極める行政関係者の横串を通すということは、組織的特性上難しく、このような手段を使うなどして、地道に進めていかなければならないということの一つの表れだと思います。

４）「医療的ケア児支援法」成立

　2021 年 6 月 18 日に「医療的ケア児及びその家族に対する支援に関する法律」（以下、医療的ケア児支援法）が公布され、同年 9 月 18 日から施行されました。「医療的ケア児」に特化した法律が一本成立したという、大変画期的な出来事です。医療的ケア児支援法成立も、永田町子ども未来会議というエンジンがあったことで可能となりました。そして、法制定を願って、全国の医療的ケア児当事者、保護者、関係者などから署名が集められ、5 月 14 日に国会に提出されています。

　医療的ケア児支援法は、全 21 条と附則から構成されているものです。この法律の目的は、「安心して子どもを生み、育てることができる社会の実現に寄与すること」「医療的ケア児とその家族に対する支援について基本理念を定めること」「国、地方公共団体等の責務を明確化すること」「医療的ケア児の健やかな成長を図ること」「医療的ケア児家族の離職の防止」と掲げられています。法律の基本理念は、①医療的ケア児の日常生活・社会生活を社会全体で支援、②個々の医療的ケア児の状況に応じ、切れ目なく行われる支援、③医療的ケア児でなくなった後にも配慮した支援、④医療的ケア児と保護者の意思を最大限に尊重した施策、

●図表 1-5　地方公共団体等に課されている責務

・医療的ケア児が在籍する保育所、認定こども園等、学校に対する支援・措置
・仕事・子育て両立支援についての検討
・医療的ケア児およびその家族の日常生活支援に必要な措置
・関係機関・民間団体の連携による相談体制の整備
・個人情報保護に配慮した情報共有の促進に必要な措置
・医療的ケア児支援センターの指定または設置
・国民の理解を深めるための広報啓発
・支援できる人材を確保するための必要な措置
・医療機器の研究開発と支援に必要な調査研究を推進する措置

⑤居住地域にかかわらず等しく適切な支援を受けられる施策の 5 点が示されています。

　この法律の特色は、国、地方公共団体、保育所の設置者、学校の設置者の責務を規定していることです。国と地方公共団体の責務（施策等）として、医療的ケア児が在籍する保育所、学校等に対する支援、医療的ケア児および家族の日常生活における支援、相談体制の整備、情報の共有の促進、広報啓発、支援を行う人材の確保、研究開発等の推進等が示されています（図表 1-5）。

　また、この法律により、都道府県に医療的ケア児支援センターを設置することが第 14 条に規定されました。センターの業務については、「医療的ケア児及びその家族に対する支援に関する法律の施行に係る医療的ケア児支援センター等の業務等について」（2021 年 8 月 31 日厚生労働省社会・援護局障害保健福祉部障害福祉課事務連絡）が発出されています。これらで求められていることは、関係機関や民間団体など多機関にまたがる支援の調整について中核的な役割を果たすこと、地域で相談するところがなかったり、どこに相談すればよいかわからない場合に、医療的ケア児の家族などが相談できる場所としての役割として機能することです。そして、相談できるように市民に広報することが必要です。

5）地域で求められる支援体制づくり

①医療的ケア児支援協議会

　医療的ケア児支援は、常に医療的ケアが必要とされるため、支援できる医療的ケア児の数や機関は限られてしまいます。そのため、地域による違いが大きいのが現状です。そこで、制度の役割は、医療的ケア児が日本のどこで生まれても、

その地域で成長できるよう、全国で地域支援体制を整えていくことです。

　体制整備の方策として、各自治体で医療的ケア児を支援するための協議の場を設置すること、コーディネーターを配置することが求められています。具体的にいうと、2018 年度から原則 3 年ごとに、地方自治体は、市町村障害児福祉計画と都道府県障害児福祉計画（児童福祉法第 33 条の 19 ～第 33 条の 25）を策定することが義務化されました。この計画の基本指針（障害福祉サービス等及び障害児通所支援等の円滑な実施を確保するための基本的な指針）に定める下記の目標値の項目のなかに、医療的ケア児支援法の施行による医療的ケア児等に対する支援体制の充実が掲げられています。つまり、すべての市町村と都道府県は、医療的ケア児支援体制についてどのように整備していくかが盛り込まれている障害児福祉計画を立てているということになります。

●活動指標

・医療的ケア児等に対する関連分野の支援を調整するコーディネーターの配置人数（都道府県・市町村）
・医療的ケア児等の支援を総合調整するコーディネーターの配置人数（都道府県）

●成果目標

・2026 年度末までに、主に重症心身障害児を支援する児童発達支援事業所および放課後等デイサービス事業所を各市町村または圏域に少なくとも 1 か所以上確保することを基本とする。
・2026 年度末までに、各都道府県は医療的ケア児支援センターを設置し、医療的ケア児等の支援を総合調整するコーディネーターを配置すること、各都道府県、各圏域または各市町村において、保健、医療、障害福祉、保育、教育等の関係機関等が連携を図るための協議の場を設けるとともに、各市町村において医療的ケア児等に関するコーディネーターを配置することを基本とする。

　協議の場というのは、医療的ケア児支援に関係している関係者や当事者が、一堂に会して、その地域の現状把握を行い、課題を確認しあい、その対応策について協議する機会のことです。積極的にこの協議会が機能している地域では、年 6 回程度開催し、ケースの情報共有や役割分担、災害や緊急時の対応やプロセス確認、緊急マニュアルの作成、関係者の研修会の実施などを地域の必要性に即して実施しています。しかし、協議会を設置している自治体でも、まだ 1 年に 1 回

程度、形式的に協議会を開催しているところも多いようです。

協議会が活性化するかどうかは、協議会のメンバーや市民の力にかかっています。なお、連携が欠かせない医療分野の参加について、日本医師会は、医療的ケア児支援について協力的で、全国の地域医師会に、各地の協議の場に積極的に参加し、地域での受け入れ体制の整備に貢献することを通達しています。

②医療的ケア児等コーディネーター

コーディネーターは、地域のいくつかの関係者と協力していくために、円滑につないでいくといった調整機能が求められます。この医療的ケア児等コーディネーターが、地域支援体制をつくっていくうえで、とても大事になります。大きく分けて3つのレベルのコーディネーターが必要になります。

1つ目は、ミクロレベルのコーディネーターです。これは、医療的ケア児と直接顔を合わせて、相談支援を行うコーディネーターのことです。障害福祉サービスの相談支援専門員が該当します。居宅介護や、訪問看護サービス、児童発達支援サービスをどのように組み合わせていくかという調整や、医療的ケア児の発達状況をみながら、その子どもに合った支援体制を組んでいく役割を担っています。相談支援専門員でも、医療的ケアが必要になると計画が立てられないという人もいます。そのため、「医療的ケア児等コーディネーター養成研修」を受講した相談支援専門員を養成しているところです。

2つ目は、メゾレベルのコーディネーターです。これは、圏域レベルに配置され、主に医療的ケア児支援のための多職種が協働できる地域をつくるコーディネーターのことです。圏域とは、障害保健福祉圏域や、二次医療圏などのことです。この2つを活用している地域は多いようです。全国の医療的ケア児数は2022年現在、約2万人で、市町村エリアでみてみると、医療的ケア児が全くいないという地域も多く存在します。そのため、効果的な支援体制を組んでいくためには、市町村より少し大きなエリアである圏域レベルで構築したほうがよいということもあります。医療的ケア児の相談にも応じたり、相談支援専門員をバックアップしたり、難しいケースに対応したりします。社会資源の開拓・開発も大事な役割です。

3つ目は、マクロレベルのコーディネーターです。これは、医療的ケア児支援センターに配置されるコーディネーターのことです。スーパーバイザーという名称が適切でしょう。メゾレベルの医療的ケア児等コーディネーターをバックアップしたり、研修会の開催、好事例の紹介、制度の相談、調査、情報提供を行うなどします。

これらのコーディネーターを養成するために、「医療的ケア児等コーディネー

●図表 1-6　医療的ケア児支援のための 3 層システム

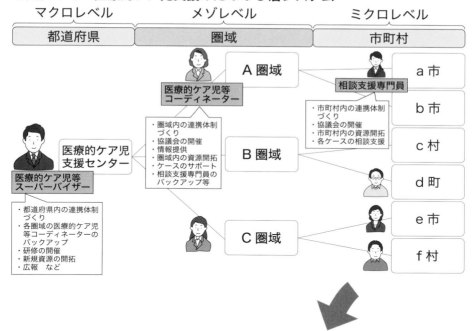

●図表 1-7　市町村における医療的ケア児の支援体制の整備

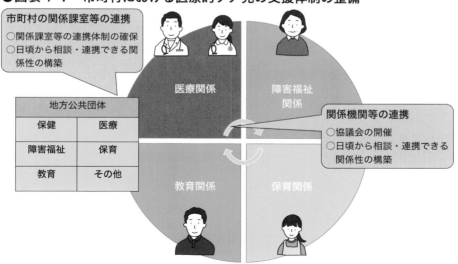

ター養成研修」があります。この研修は、医療的ケア児等への支援を総合調整する者を養成していくために、医療的ケア児支援の基礎的知識の習得を目指すとともに、多職種間連携を円滑にできるための人材養成プログラムです。プログラムの内容は、医療的ケア児等支援に関する医療的ケアや福祉に関する知識と、関係機関との連携や医療的ケア児等のためのサービス等利用計画作成について具体的手法を習得できる内容となっています。研修時間は 28 時間で、講義と演習から構成されています。

これらの地域体制を整備する費用は、「医療的ケア児等総合支援事業」で予算化されています。この事業で、医療的ケア児支援センターにコーディネーターを配置し、相談支援や地域関係機関の連携、情報共有、研修実施や居場所づくり、併行通園の促進などを包括的に行うことができます。

3 保育所等における 医療的ケア児の保育

1）保育所等における現状

ここでは、2021年3月に発表された「保育所等における医療的ケア児の受け入れ方策等に関する調査研究報告書」（厚生労働省令和2年度子ども・子育て支援推進調査研究事業）（調査期間令和2年12月）のデータから現状を示します。

●図表 1-8　保育所等における医療的ケア児の受入れ状況の推移

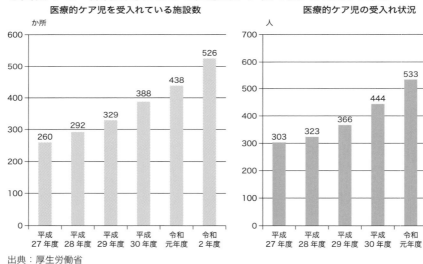

出典：厚生労働省

受け入れている医療的ケア児の医療的ケアの内容は、「導尿」が25.8％で、「喀痰吸引（気管カニューレ内部）」が22.4％です。その医療的ケアを行っている者は、「施設の看護師等」が74.9％で、「保育士等」が7.8％でした。

回答した870市町村のなかで、「医療的ケアを実施できる看護師を確保できない」と回答した市町村が70.6％と最も多く、次に「利用を希望する子どもに必

要な医療的ケアの提供にあたり施設整備が対応していない」が62.6％と多くなっていました（複数回答）。また、医療的ケア児の受け入れについて、現在感じている課題は、「事故発生時等のリスクへの対応」が51.2％、「看護師等の確保が難しい（勤務日数、勤務時間が不足している場合を含む）」が49.8％でした（複数回答）。なお、これらの調査の「保育所等」には、保育所、認定こども園、家庭的保育事業所、小規模保育事業所、事業所内保育事業所が含まれています。幼稚園については、文部科学省の2022年度の調査で、幼稚園に在籍している医療的ケア児の数が271人で、受け入れている幼稚園の数は253園と発表されています。

２）医療的ケア児保育支援モデル事業

　医療的ケア児を受け入れている保育所等は、全国でみても大変少ない現状です。そのような場合、国の方策としてまずモデル事業を設定し、複数の自治体で試行してもらい、その結果を他自治体に紹介するということを行うことが多くあります。この領域でも、保育所等で医療的ケア児を受け入れるためのモデル事業「医療的ケア児保育支援モデル事業」がまず実施されました。2017年度は23市町村、

●図表1-9　医療的ケア児保育支援事業

出典：厚生労働省

2018年度は38市町村、2019年度は72市町村が受託して、成果を報告しています。

このモデル事業は一般事業化され、「医療的ケア児保育支援事業」が保育対策総合支援事業費補助金として設定されました。事業の実施主体は、都道府県または市町村等です。さらに、2021年の医療的ケア児支援法の成立に併せ、「医療的ケア児保育支援事業」について、2021年9月15日に「『多様な保育促進事業の実施について』の一部改正について」（子発0915第1号厚生労働省子ども家庭局長通知）が発出され、実施要綱の改正が行われました。医療的ケアに関する技能および経験を有した者を配置し、管内の保育所への医療的ケアに関する支援・助言や、喀痰吸引等研修の受講等を勧奨するほか、市町村等において医療的ケア児の受け入れ等に関するガイドラインを策定することで、安定・継続した医療的ケア児への支援体制を構築する事業です。2020年度は109か所実施されています。今後、保育の体制整備を行う自治体は、この事業を活用して整備することが可能です。

3）「保育所での医療的ケア児受け入れに関するガイドライン」

前述のモデル事業の報告を受け、さらに先進的な26市町村から、受け入れまでの流れや、受け入れのための取り組みなどをヒアリングした結果等から検討し、「保育所での医療的ケア児受け入れに関するガイドライン──医療的ケア児の受け入れに関する基本的な考え方と保育利用までの流れ」が2019年3月に作成されました。作成した研究会の委員には、本書で紹介している秋山千枝子医師（あきやま子どもクリニック）、瀬山さと子園長（うーたん保育園（当時））も入っていました。

そのガイドラインを自治体に周知するために、2019年4月26日に厚生労働省子ども家庭局保育課、2019年5月9日に厚生労働省医政局地域医療計画課から事務連絡が発出されました。ただし、このガイドラインはそのタイトルどおり、医療的ケア児を受け入れるまでのことに焦点化されていて、受け入れ後の保育のあり方については対象外とされています。

4）医療的ケア児支援法で保育所に求められていること

医療的ケア児支援法では、保育所等での受け入れについて明記されています。第6条では、保育所の設置者等は、基本理念にのっとり、その設置する保育所

等に在籍し、または利用している医療的ケア児に対し、適切な支援を行う責務を有するとされています。

　医療的ケア児支援法が成立して、法律内に規定されている保育所等支援に関することを伝えるため、2021年9月15日に「医療的ケア児及びその家族に対する支援に関する法律の施行に係る保育所等における医療的ケア児への支援の推進について」（厚生労働省子ども家庭局保育課地域保育係事務連絡）が発出されました。このなかで、医療的ケア児保育支援事業において、各都道府県に「医療的ケア児受入体制整備計画書兼実績報告書」の作成を求めています。また、保育所などで、医療的ケア児等を受け入れるにあたり、施設設備の改修を行う際に必要な費用の一部補助が受けられる「保育環境改善等事業」があります。

医療的ケア児支援法
　　　第1章　総則
　（保育所の設置者等の責務）
第6条　保育所（児童福祉法（昭和22年法律第164号）第39条第1項に規定する保育所をいう。以下同じ。）の設置者、認定こども園（就学前の子どもに関する教育、保育等の総合的な提供の推進に関する法律（平成18年法律第77号）第2条第6項に規定する認定こども園をいい、保育所又は学校教育法第1条に規定する幼稚園であるものを除く。以下同じ。）の設置者及び家庭的保育事業等（児童福祉法第6条の3第9項に規定する家庭的保育事業、同条第10項に規定する小規模保育事業及び同条第12項に規定する事業所内保育事業をいう。以下この項及び第9条第2項において同じ。）を営む者は、基本理念にのっとり、その設置する保育所若しくは認定こども園に在籍し、又は当該家庭的保育事業等を利用している医療的ケア児に対し、適切な支援を行う責務を有する。

　　　第2章　医療的ケア児及びその家族に対する支援に係る施策
　（保育を行う体制の拡充等）
第9条　国及び地方公共団体は、医療的ケア児に対して保育を行う体制の拡充が図られるよう、子ども・子育て支援法（平成24年法律第65号）第59条の2第1項の仕事・子育て両立支援事業における医療的ケア児に対する支援についての検討、医療的ケア児が在籍する保育所、認定こども園等に対する支援その他の必要な措置を講ずるものとする。
2　保育所の設置者、認定こども園の設置者及び家庭的保育事業等を営む者は、その設置する保育所若しくは認定こども園に在籍し、又は当該家庭的保育事業等を利用している医療的ケア児が適切な医療的ケアその他の支援を受けられるようにするため、保健師、助産師、看護師若しくは准看護師（次項並びに次条第2項及び第3項において「看護師等」という。）又は喀痰吸引等（社会福祉士及び介護福祉士法（昭和62年法律第30号）第2条第2項に規定する喀痰吸引等をいう。次条第3項において同じ。）を行うことができる保育士若しくは保育教諭の配置その他の必要な措置を講ずるものとする。

（波線は筆者追記）

5）前に一歩踏み出す

　２章、３章で紹介する事例は、医療的ケア児を受け入れて保育や児童発達支援を行っている一部の保育所や事業所などです。保育の現場も各地の行政も、経験のないところが多い段階です。就学前の子どもの大切な成長時期に、いち早く、医療的ケア児を含めたすべての子ども達に適切な環境を社会でつくっていく必要があります。日本中で、医療的ケア児を受け入れるという一歩を踏み出し始めている時期になります。そのためにも、当時者と関係者が一緒に協力しながら踏み出して、つくり上げていくことを、躊躇しないで進めていくことが大切です。

■参考文献

・厚生労働省社会・援護局障害保健福祉部、こども家庭庁支援局障害児支援課「児童発達支援・放課後等デイサービスに係る報酬・基準について〈論点等〉」（障害福祉サービス等報酬改定検討チーム第 39 回（令和 5 年 10 月 18 日）資料 1）、p.43、2023 年

・三菱 UFJ リサーチ＆コンサルティング「医療的ケア児者とその家族の生活実態調査報告書」（厚生労働省令和元年度障害者総合福祉推進事業）、2020 年　https://www.mhlw.go.jp/content/12200000/000653544.pdf

・「医療的ケア児の支援に関する保健、医療、福祉、教育等の連携の一層の推進について」（平成 28 年 6 月 3 日医政発 0603 第 3 号・雇児発 0603 第 4 号・障発 0603 第 2 号・府子本第 377 号・28 文科初第 372 号厚生労働省医政局長、厚生労働省雇用均等・児童家庭局長、厚生労働省社会・援護局障害保健福祉部長、内閣府子ども・子育て本部統括官、文部科学省初等中等教育局長通知）https://www.mext.go.jp/content/20200525-mxt_tokubetu02-000007449_10.pdf

・みずほ情報総研株式会社「保育所等における医療的ケア児の受け入れ方策等に関する調査研究報告書」（厚生労働省令和 2 年度子ども・子育て支援推進調査研究事業）、2021 年　https://www.mhlw.go.jp/content/11900000/000861867.pdf

・文部科学省初等中等教育局特別支援教育課「令和 4 年度学校における医療的ケアに関する実態調査結果（概要）」、2023 年

・「医療的ケア児及びその家族に対する支援に関する法律の施行に係る保育所等における医療的ケア児への支援の推進について」（令和 3 年 9 月 15 日厚生労働省子ども家庭局保育課地域保育係事務連絡）https://www.pref.osaka.lg.jp/attach/6686/00408162/03_kodomokateikyoku_03_460.pdf

・保育所等における医療的ケア児への支援に関する研究会「保育所等での医療的ケア児の支援に関するガイドライン」（令和 2 年度子ども・子育て支援推進調査研究事業「保育所等における医療的ケア児の受入れ方策等に関する調査研究」）、2021 年　https://www.mizuho-rt.co.jp/case/research/pdf/r02kosodate2020_0103.pdf

・田中真衣「医療的ケア児の地域生活支援と地方自治体の役割――医療・保健・福祉・教育等による総合的な施策展開に向けて」『公衆衛生』第 87 巻第 4 号、pp.277–284、2023 年

2章

医療的ケア児と共に育つ保育の実践例

　本章では、インクルーシブな取り組みを行っている園・法人を 4 つ紹介します。職員への働きかけやサポート、自治体との連携や体制づくりもそれぞれ工夫をしていますが、何よりも、子ども達同士のかかわりあいや育ちあう姿から、大人達が学ぶことが多いのかもしれません。

一人ひとりの生きざまを
尊重する保育

うーたん保育園
（神奈川県茅ヶ崎市）

園の概要

● 法人名：社会福祉法人翔の会

● 代表者：日高義史（施設長）

● 園児数：0 歳児 9 名、1 歳児 12 名、2 歳児 12 名、3 歳児 13 名、4 歳児 13 名、5 歳児 13 名、ことり組（医療的ケア児）2022 年度は 3 名（2021 年度は 6 名）

1. 法人と園の特色

　翔の会は 1992 年に設立された社会福祉法人で、高齢者、障害者、子どもを支援する事業所の数は 2023 年現在 51（23 事業種）にのぼり、うーたん保育園は 2012 年に開設された A・UN（あ・うん）という複合施設（保育所・児童発達支援センター・生活介護施設・特別養護老人ホーム）の 1 階にあります。保育所の子ども達は、施設内のどこで過ごすことも基本的に可能ですので、児童発達支援センターの子ども達と日々触れ合い、生活介護施設内のスヌーズレンの部屋や、特別養護老人ホームの高齢者のところにも遊びに行きます。まれに、高齢者と家族の希望で、看取りに入る高齢者にお別れをすることもあります。そうした多様な人達と日々共に過ごす環境のなかで、うーたん保育園では子ども一人ひとりの主体性を尊重すると共に、家庭も含めた保育ニーズを保障する道を模索してきました。

2. 医療的ケア児の保育の始まりと体制づくり

（1）医療的ケア児の保育の始まりとことり組の開設

　2023 年 3 月まで園長を務めた瀬山さと子先生は、2019 年 3 月に日本で初めて「保育所での医療的ケア児受け入れに関するガイドライン」を作成した「保育

所における医療的ケア児への支援に関する研究会」の、当時唯一の保育園園長メンバーでした。園の方針として、障害の重さを理由として入園を断るということはない保育園であったために、ほかの園で入園を断られてしまった気管切開の子どもを受け入れたことが医療的ケア児の保育に踏み出すきっかけでした。その子どものたんの吸引は、最初のうち看護師が行っていましたが、保育のなかで必要に迫られて、たんの吸引の技術を園長はじめほかの保育者が学び、資格を取って保育するようになったところから、医療的ケアの必要な子どもを保育できるという自信や覚悟を少しずつもてるようになったそうです。現在はたんの吸引の資格をもつ職員が複数いることから、医療的ケアの必要な子ども自ら、自分のたんを吸引してもらいたい職員を選ぶこともあります。

　その後、医療的ケア児の入園が増えていき、人的にも物理的にも体制を整える必要があり、2020年度より医療的ケア児のクラス「ことり組」を保育園内に開設しました。その子ども達も、日常的にほかのクラスの子ども達と生活や遊びを共にしながらの保育が営まれています。

（2）ことり組の保育体制

　医療的ケア児のクラス「ことり組」は、子ども6名に看護師3名、保育士2名の体制（2021年度時）で営まれています。子どもの健康状態や医療的ケアの状況に合わせていつでも対応できるように、保育室には誰が見てもわかるような薬や医療器材の環境設定がなされています。

ことり組の環境設定

　右下の写真は、ことり組ができてまだ間もないころの写真です。どのような環境にするか、まさに試行錯誤でした。右奥のついたての奥は、子どものおむつ替えのスペースです。

　保育園だけでなく、児童発達支援センター、生活介護施

ことり組における保育の様子

設で複数名の看護師が配置されており、必要に応じてそれらの看護師同士が協力しながら仕事をしています。児童発達支援センターとも日常的にやりとりしていますので、医療的ケア児だけではなく、さまざまな発達支援の必要な子ども達を、センターの専門職が適宜見に来たり、必要に応じて話し合う体制があります。

（3）保育者と看護師の協働

うーたんの看護師は、子ども達にとてもきめ細やかで、必要な器具等を適宜手作りしたりしてくれることもたくさんあります。子ども達の健康をとても大切にする一方、「最初に看護ありき」ではなく、「ここは保育園だから、保育が本筋」と考える看護師が、長い間中心となって「うーたん保育園のなかでの医療的ケア」を築き上げてきました。保育園であることを大切にするため、「看護的に不安だからやめておく」という発想はなく、不安だったら大人を増やすとか、どうやったら不安要素を排除できるかに重点を置いて看護計画を立てていきます。看護師たちは他児とのイベント等にも必ず参加し、医療的ケア児ではない子ども達にも積極的にかかわります。ときには、看護師と保育者で意見が異なることがありますが、十分に話し合って解決策を見つけていく体制をもっています。例えば、障害のある子ども達と一緒の卒園遠足なら、発作が起きたらどうするか、食事はどこで食べるのが安全か、車は誰がどう出すのか、細かいところまで一致協力して、全体で話し合いながら決めていきます。

健康を守るのが医療者の務めですが、保育園という場ですので、子ども同士のつながりや、相互に子ども達の人生がより豊かなものに広がっていくという育ちを、看護師達も目の当たりにしてきたのだと思います。そこで、「それは保育者の仕事であって、看護師の仕事は子どもの健康を守ることのみ」と考えるか、毎日一緒に仕事をしている立場の人間として、また、毎日その子どもの人生にかかわっている人間として、保育者の仕事とつながることやサポートすることを考えるか、正答は1つではありませんが、うーたんのスタッフはうーたんなりの答えを探し求めてきたように思いました。

3. うーたんの保育の特徴

うーたんの医療的ケア児の保育を理解するうえでは、ことり組だけではない、うーたんの保育というものを学ぶ必要があります。ここでは、うーたん保育園ならではの保育の特徴を述べていきたいと思います。

（1）ドキュメンテーション

近年、保育施設で多く取り入れられているドキュメンテーションですが、うーたんで特徴的なのは、あくまでも保育者が、保護者を含め、伝えたいことを伝え

るためのドキュメンテーションだということです。ですから、「やらないといけないこと」ではなく、保育者があくまでも主体的に行うドキュメンテーションです。

秋遠足の日のドキュメンテーション

（2）保育者同士の連携

　職員の希望だけで、次年度のクラス担任が決まるわけではありませんが、どのクラスを担任したいか、職員の希望は毎年聴取されるそうです。その際に、ことり組を希望する保育者ももちろんいます。ことり組の保育は、保育者にとって特別なものではなく、「やってみたい」保育であるのだろうと思います。

　担任が決まったからといって、どのクラスも自分のクラスの子ども達だけを知っていて、その子ども達だけを保育するという保育ではありません。子ども達が自分のやりたいことをやりたいところで思う存分できるように整えられた保育ですので、常にクラスごとの活動でもないわけです。ことり組も含めて、どの保育者も全員の子ども達をよく知っており、必要なときに手助けしあえる、そういった保育です。

　瀬山先生の言葉を借りると、「ここは社会なんだから助けあうのが当たり前」です。どのクラスの保育者も、ことり組を自分達のクラスの子ども達とは違う子ども達と考えていませんし、ことり組だから違う活動という発想ではなく、ことり組だからこそ、ほかのクラスとどうやったら一緒に遊べるか、活動できるかという発想で、まずことり組のことを考える風土ができています。

のんちゃんと
ちかちゃんの
お散歩

　ちかちゃんは年中クラスの女の子。今から外に出ようと思って、したくをして、水筒を持って、さあ行こうと思ったら、医療的ケア児ののんちゃんとテラス越しに目が合いました。ちょっと変顔なんかして遊んでいましたが、きっとのんちゃん、外に出たいんだなあ、私ものんちゃんと散歩したいなあと思ったちかちゃんは、のんちゃんを散歩に誘ってみました。するとのんちゃんは、とってもいいお顔をしてくれました。ですので、外に行くのをちょっとやめて、のんちゃんとテラスを散歩することにしました。先生は「テラスを出たら危ないよ。それ以外は行っちゃだめよ」なんてことを言わずに、ただ「いってらっしゃーい」って言ってくれました。ちかちゃんとのんちゃんのテラスの散歩は、とっても気持ちよくて楽しかったのでした。

　普段からのんちゃんとちかちゃんが触れ合っていて、お互いに気持ちがわかること、保育者もそんなのんちゃんとちかちゃんを信頼できていて、ちかちゃんだったら、のんちゃんとのお散歩は、外ではなくてテラスの中で行うだろう、外に行くのだったら、大人に声をかけてくれるだろうという予測が立たないとできない対応です。つまり、保育者は子ども達のことを理解し、信頼しているのです。そしてまた、ちかちゃんと一緒に外に行く予定だった保育者には、ちかちゃんはのんちゃんとテラスの散歩をすることになったので、外には行きません、大丈夫です、私が見ていますから、というのを誰かが伝えているはずなのです。そうした連携、つまり保育者同士の信頼関係もそこにはあるのです。だからこそ「ちかちゃん、お外に行く予定だったんじゃないの？」と余計なことは言わずに送り出すことができる。そんなことが当たり前にできて、そんな彼女たちを「撮りたい、伝えたい」と保育者が思える、そんな保育です。

（3）子ども達が自分達のやりたいことを実現するプロジェクト保育

　うーたんには、やりたいことを実現するためのグループがあります。子どもが主体なので、どの子もやらなきゃいけないわけではもちろんなく、やりたい子ども達で集まって、そこを保育者が支えます。例えば、ドーナツプロジェクト。ドーナツ屋さんに行って楽しかった子どもの発信から始まりました。ドーナツを紙で作ってお店屋さんごっこをしたり、絵本でどんなドーナツがあるか調べたり。今は本物のドーナツを手作りすることを計画しています。ほかに、子どもの興味ややりたいことに応じて、釣り部やダンス部などもあります。

エピソード

電車チームのけいくん、
初めて電車に乗る

　電車の好きな子でできた電車チームの、医療的ケア児のけいくん、脳性麻痺のしゅんくん、500グラムで生まれたゆうたくんという年長クラスの男の子達が、3、4歳の電車好きな子ども達も誘って、先生達と一緒に電車に乗りに行きました。自分達で経路も時間も全部調べて、大船駅で成田エクスプレスを見たり、駅メロを聞いたり、モノレールに乗ったり。実はけいくんは電車がとても好きなのに、いつも車で移動していたため、生まれて初めての電車だったそうです。けいくんにとっては、この時間は夢のような時間だったことでしょう。

　けいくんがみんなと一緒に電車に乗れたことを、母親もとても喜びました。きっと電車の好きなわが子をどんなに電車に乗せてあげたかったことでしょうか。

（4）うーたんの卒園式

　毎日の保育と同様、卒園式も子ども達が主役ですから、どのような卒園式をしたいかを子ども達が主体になって考え、保育者と共につくり上げていきます。

　保育者は、卒園児に向けて一人ひとりに心のこもった言葉を送ります。それを家に持って帰ってずっと飾っておけるように、卒園児は一人ひとりの自分だけの「楯」を思い思いに作ります。医療的ケアの必要なみくちゃんの楯のデコレーションは、みくちゃんが選んだものをほかの子ども達が貼ってくれて、色はみくちゃ

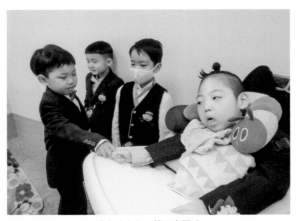
ゆうくんと一緒の卒園式

んが塗りました。そしてみくちゃんは食べることが大好きなので、「味見大好き！」という言葉が贈られました。

写真は、卒園式の様子です。同級生のなかには医療的ケアの必要なゆうくんもいます。ゆうくんは、胃ろうで重いてんかん発作があり、ほかの園に入園を断られて、うーたんに遠くから通ってきていました。卒園式では、みんなで過ごした楽しい毎日を思い出しながら、お別れを言い、次のスタートに向けてエールを送ります。瀬山先生は、子ども達が成人式でまた集まれる未来を夢見ています。

4. 医療的ケア児の保育が生み出したもの

医療的ケア児の保育を始めてから、園全体の風土が一層うーたんらしく、優しくて、お互いに尊重しあえる雰囲気になりました。ここでは保護者の気持ちと、子ども達の育ちあい、保育者の気づきについて紹介します。

（1）保護者の気持ち

コロナ禍になる前は、医療的ケアの必要な子どもを育てている保護者に、子どもの写真などを見せてもらいながら、子育てについての話をほかの保護者と保育者が聞くというイベントがありました。この3年間、コロナ禍でできなくなっていましたが、「あれ、よかったですよね。コロナでできないのは悔しい」とか、「ああいうのはこの園だからできてよかったのに残念」と言いながら卒園していった障害のない子どもの保護者がたくさんいました。障害のあるなしを壁にしない、当たり前に一緒に生きていくという空気が、保護者のなかにも醸成されていったということだと思います。

また、医療的ケアの必要な子どもを育てている保護者同士のサポートもあります。ことり組では、2021年度初めての卒園生を出しましたので、2022年度の卒園生はことり組2期生となるわけですが、最初に卒園した1期生の保護者に対して、2期生の保護者に先輩保護者として学校のことを教えてあげてください、そしてサポートしてあげてくださいと、園長先生がひとことお願いしていました。卒園した保護者は忙しくてなかなか園に来られなかったのですが、あるとき園に電話をくれて、「忙しくてずっと連絡できなくてごめんなさい、電話番号でもな

ぼくはいつも味方だよ

　ことり組の子ども達も、それぞれ仲良しの子ども達がいます。年長クラスのしゅうとくんは、自分のクラスにいるとどうしても気持ちがざわざわしてしまって、心にもないことを言ってしまったり、いじけちゃったり、心を閉ざしたり、つい手が出てしまったりといった、自分でもどうしようもない自分自身にいらだちと悲しみを感じることが多い繊細な子どもです。しゅうとくんは、医療的ケア児のゆうくんのところに一日に何度も来ます。ゆうくんと一緒にいて、ゆうくんのほっぺたをすりすりしたり、鼻を少しつまんでみたり、ときにはそうしながら思わず涙が出てしまったりします。ゆうくんも、そうしたしゅうとくんのつらさをよくわかっていて、目で、「どうした？またいやなことあった？おいでおいで、失敗しても大丈夫だよ」と、しゅうとくんを包み込んであげます。あまり自分の身体を動かせないゆうくんですが、すこーし手をしゅうとくんのほうに動かします。そんなゆうくんの手をしゅうとくんは握りしめ、また自分の気持ちをおさめて、自分自身を受け入れる元気をもらいます。そうやってまた立ち向かっていくしゅうとくんを、ゆうくんは目で「またおいでね」と送っていくという交流があります。

　そういったふたりの交流を知ったゆうくんの母親は、「うちの子はお世話されて助けられているだけじゃなくて、こんなふうに彼のお友達として、ちゃんとお友達の役目を担っているんだな。ありがとう、と言われる立場にもなるんだなということを知りました」と言っていました。

んでも教えてもらって構わないし、電話くれたらいつでもお話しますって伝えてください」と伝言がありました。園のなかだけではなく、卒園してもひとりではない、困ったときに頼れる仲間が、しかも幼児期に一緒に過ごした家族という仲間がいるということは、卒園後の医療的ケア児の家族を大きくエンパワメントすることと思います。「サポートされた人はサポートする人になる」という言葉がありますが、そうした温かいサポートの輪が連鎖していく、その発信地にうーたんがなっています。

（2）子ども達の育ちあい

できないことを
するのは当たり前

　これは厳密に言いますと、医療的ケアの必要な子どもではなくて、麻痺のある子どもの話です。脳性麻痺の子どもがふたりいるところで、瀬山先生がその子ども達の給食の介助に入ろうとしたところ、そばにいたひとりの女の子が「さと子さん、一緒にご飯食べよう」と言ってきました。きっと一緒に介助をするつもりなのです。そこで、瀬山先生が「ああ、いいよ」と言って、そのふたりの子ども達の手を洗おうと水道まで連れていったところ、たまたまそこにいた別の子どもが、ふたりのうちのひとりの手をサッとせっけんで洗ってくれました。瀬山先生が「うれしい、ありがとうね」と言っても、ふたりとも「何が？」といった感じでした。どれもが「やってあげる」ではなくて、当たり前の行動になっているのです。

　障害のある子どものいるクラスは、ほかの子ども達がいろいろと世話を焼いてくれるようになるといわれることもありますが、これには実はさまざまな様相があります。

　例えば、障害のある子どもに加配保育者がべったりついて世話をしていると、その子どもの世話は、その先生がするのがほかの子ども達にとっても当たり前になってしまい、その子どもが困っているときにも、自分が動くよりもその先生を呼びに行くということはとてもよく起こってくることです。もちろん、医療的ケアをはじめ、大人でないとできないケアというものもありますが、世話をする人、世話をされる子どもの関係をあまりにもがっちりつくってしまって、そこにほかの子どもを入れないような風土は、子ども達の仲間関係をも失わせていくリスクを伴います。つまり、その子どもはほかの子どもにとって、世話をする人がついている「障害児」であるという認識しかなく、「○○ちゃん」というひとりの人格をもった子どもとして認識されないままになってしまうのです。こうしたクラスを観察していると、実はそうした認識を大人達ももっているということに気づかされることがあります。子ども達がもっている認識というのは、つまり大人が

もっている認識の引き写しなのです。

　うーたんでは、「やってあげる」「やってもらう」関係性が固定されておらず、職員の誰もが「重症心身障害児」も「医療的ケア児」も、「世話をする対象」とはみていません。どの子どもも等しく個々のかけがえのない人格をもったひとりの子どもです。そうした職員の姿勢が、結局は子ども達に引き写され、引き継がれていきます。

　2022年度のことり組の卒園生は3名いました。ところが、そのうちのひとりのともちゃんが卒園の日に入院中だったので、子ども達と職員で相談して、ともちゃんの顔写真と、音楽イベントのときに作った洋服の写真をともちゃんのバギーに貼って、母親と共に参加してもらい、母親に卒園証書を渡したのでした。

エピソード

大好き！

　4歳児クラスのひかりちゃんは、ともちゃんが大好きで、でも彼女が卒園式に出られなかったので、とても心配で寂しい思いをしていました。だからその後、ともちゃんが退院して登園してきたときにうれしくてうれしくて、その気持ちを一生懸命おうちで書いてきて、ともちゃんに渡しました。まだ4歳児クラスの子どもなので、そのお手紙も絵か字かわからないようなものでしたが、きっとひかりちゃんの気持ちはともちゃんに届いたことでしょう。その手紙を渡した日は、ひかりちゃんはともちゃんに会えたのがうれしくて、一日中ともちゃんのそばにいて、胃ろうの注入中もそばにいて「おいしい？」なんて聞いていたそうです。お昼寝もともちゃんのそばでして、ようやくともちゃんが園にいる安心感を得たひかりちゃんでした。

　ここにも、ほかの子ども達と変わらない子ども同士の素敵な関係性があります。入院中の友達を心配する気持ち（もちろん、医療的ケアの必要な子どもですから、その心配の質や量は子どもながらに違うかもしれません）、だからこそ退院を心から喜ぶ気持ち、その気持ちを何とかして伝えたいという気持ち、そしてそばにいたい、気持ちを分かちあいたいと思う気持ち。それらがともちゃんにもしっかり伝わって、ともちゃんの気持ちも濃厚に返ってくるという、ふたりの密な友達

関係の積み重ねがあったからこそのエピソードではないでしょうか。

エピソード

とうこちゃんの 衣装作り

　年長クラスの子ども達だけが参加する音楽イベントで、子ども達は自分達の衣装を思い思いにデザインして、自分たちで作ります。写真は、重いてんかんがあり、普段はほぼ寝た姿勢か、座位保持椅子で過ごしているとうこちゃんの衣装作りのために、同級生のみこちゃんがとうこちゃんの意向を確かめ確かめ、デザイン画を描いているところです。うーたんでは、どんなに表情の変わりにくい子どもでも、だからこそその子どもの意思を常に丁寧に確認し、気持ちを拾っていきます。そうした大人の姿勢を当たり前のものとして、子ども達も身につけていきます。

　うーたんの行事は、卒園式ももちろんですが、すべてが「子ども中心」で「子どもが主体」です。大人が全部決めてそれに沿って子どもが練習するような運動会はなく、子ども達がやりたい競技を出しあって、子ども達同士で話し合って、1週間の間、その競技をみんなで屋上で楽しむ「スポフェス」という行事が

こうやったら一緒にスポフェス楽しめるよ！

あります。とうこちゃんがスポフェスに参加でき、一緒に楽しめるように、同級生のあっくんとよしくんは、とうこちゃんを箱車に乗せて走りました。3人の楽しそうな笑顔、まさに同級生ならではの仲間関係です。

エピソード

だるまさんが ころんだ！

　ウエスト症候群で、普段はずりばいかバギーで移動しているさえちゃんは、「だるまさんがころんだ」が大好きです。この写真も、みんなでさえちゃんと一緒に、公園で「だるまさんがころんだ」を楽しんでいるところです。スポフェスでも、さえちゃんの好みを考えて子ども達が考案した競技は、「だるまさんがころんだ」のあとに鬼ごっこという、オリジナリティーあふれたものとなりました。

真夏の
クリームシチュー

　夏の一日を使って、年長クラスの子ども達が朝から夜（夕食後まで）を使ってやりたいことを実現する「お楽しみイベント」があります。あくまでも子ども達が、スケジュールも、どこに行って何をしたいかや食事の献立まで協議して決めていきます。この日は水族館に行って、映画を観て、夕食は屋上で食べるという一日になったのですが、暑いなか、胃ろうのあるゆうくんも一緒なので、子ども達が考えた夕食の献立は、ゆうくんに胃ろうがあっても食べられるクリームシチューとデザートのヨーグルトでした。

（3）保育者の気づき

　医療的ケアの必要な子どものなかでも、とくに動きに制限のある子ども達は、自分の意思を表すのに日々苦労しています。彼らは動きに制限のある自分の身体を精一杯使って必死に伝えようとしますが、そうした彼らの気持ちを丁寧にくみ取るのも保育者の専門性です。

ともちゃんのマイ茶碗

　前述のともちゃんは、実はOK の意を自分の手をグーにすることで表していました。うーたんでは、給食時、各自自分の好きなマイご飯茶碗を選んで使っていますが、彼女が選ぶときに周りの子ども達が「これ？それともこっち？」といろいろと示してくれるのを見ていたともちゃんは、自

分の選びたいものではないときにはそっぽを向き、選びたいものを提示されたときに手をグーにして示していることに担任保育者が初めて気がつきました。表情が大変変わりにくく、目線も合いにくいともちゃんだったのですが、そこから彼女とのコミュニケーションが大いに進みました。ちなみに、自分の選んだマイ茶碗をともちゃんはことのほか気に入って使っていました。左頁下の写真のような、うれしそうなともちゃんの表情とお茶碗を持つ手のしっかりした感じは奇跡のようだと瀬山先生は言います。

　ともちゃんのように動きに制限のある子ども達は、意思表示にエネルギーをかけなければならない分、コミュニケーション相手が、意思表示にかけるエネルギー、その苦労に見合った相手かどうかをよく選別します。つまり、意思表示を出してわかってくれる、またはわかってほしいと思う相手ではないとなかなか出してくれないところもあります。だからグーを出した、そこには、彼女の「わかってくれる」という相手への信頼感が育っていたのだと思います。

　低酸素脳症で胃ろうと気管切開のために、たんの吸引と栄養剤注入の必要なそうくんは、入園した当初は緊張のあまり身体ががちがちに固まっていました。そんなそうくんを、職員は「これまで２年間おうちのなかにいて安心していたのに、いきなりよくわからないこんなところに連れて来られて怖かったよね」と、彼の不安感を思いやり、あまり入れ替わり立ち替わり職員が声をかけるのもどうかと話し合ったり、黙って触るのはそうくんはいやだよねと、申し合わせしたりしながら、みんなで育てていきました。最初のうち、緊張のあまり、なかなか目も開かなかったそうくんでしたが、彼が目を開くたびに職員が「私達はここにいるよ、大丈夫だよ」というサインを丁寧に送っているうちに、どんどん緊張がほぐれていく様子がはたからもわかりました。はじめは、いろいろな人が触れることをせずに担任保育者だけが触れるようにしていたところが、最近では誰もが「おはよう」と声かけして触れていくことを受け入れられ、笑顔を見せてくれるようになりました。

　いわゆる「重度」の障害のある子どもの場合、周りの大人はどうしても医療的な見方が先走ったり、「障害」の観点から子どもの状態を理解しようとすることが多くなります。例えばそうくんのような「身体ががちがちの状態」は、「筋緊張が高い」とか「麻痺の程度が強い」のような言葉で語られることが多くあります。でも保育者の目はその奥を見ています。この身体をもつこの子どもはこれまでどう生きてきたのかをイメージし、今何を感じているのか、子どもの心の声を耳を澄ませて聞き取っています。そして、どうしてあげたらよいのかを一生懸命

考えています。その気持ちは子どもに伝わって、子どもが「わかってくれる、わかろうとしてくれる人がいる」ことに気づき、子どもの世界が変わり、広がり、他者との世界につながってくるのだと思います。

エピソード

鬼が怖かった　そうくん

　節分の豆まきのときに、鬼を見て思わずつつーっと涙が出ちゃったそうくん。周りの職員みんなで「ああ、怖かったの、大丈夫だよ」と大いに慰めたということですが、がちがちに緊張していたころは、涙さえ出せなかったのでしょう。職員は、「ちゃんとこうやって訴えるようになってくれて、ますますいとおしい」と感じた涙でした。

5. うーたんの保育が教えてくれること

　最後に、瀬山先生の言葉を紹介します。

　「医療的ケアのガイドラインとか、いろんな本も大事だと思うんだけど、やっぱり一人ひとりのお子さんなんだっていう、なんかそこが大事だなっていつも思うんです」

　「きっとこの子達もご家族もここでの経験を宝にしてくれるだろうし、これからも特別支援学校に行って、生活介護とか作業所に行くわけだから、この6年

間がこの子達にとっても周りの子ども達にとっても、本当に社会のなかなんだというふうに思うんですよね」

　就学したら、現在の教育システムのなかではほとんど一緒にはいられない子ども達が、この乳幼児期の間、一緒に生活していて、そこで思い思いに人間としての土台をつくり、一生忘れられないような思い出をつくっていく。本来ならば、就学後も一緒に生きていけるはずの子ども達が、今の社会ではそうなっていないために、この6年間だけは貴重な社会経験を双方に積んでいく。それはこの子ども達にとっても家族にとっても心の芯に残っていく、またはそれをつくっていく大きな宝物であるだろうということかと思います。

　うーたんの保育からは、障害とは、その子どもに存在するのではなく、周りの人間がその子どもを「障害児」や「医療的ケア児」としか見ないで、その子どもの生きようとしている力に触れたり思いをくみ取ることができなくなり、子どものほうも意思を出してもわかってもらえないから出そうとしなくなり…。そうしてできた、人対人の関係不全のなかにこそあるのではないかということが見えてきます。つまり、医療的ケア児の保育とは、単に医療的な知識やケアができる人を保育のなかに入れることではなく、どのような子どもに対してもひとりの子どもとして尊重し、その子どもの思いに寄り添っていくという保育の営みと専門性が、医療的ケア児を迎えることでより深めていくことができるということではないでしょうか。

　今から20年ほど前でしょうか、「発達障害」の概念が保育の現場を席巻し、そのためにチェックリストなどもたくさん出回って、保育者も「この子が何を思っているのか」よりも「この子は発達障害か否か」という視点で子どもを見るようになった経緯がありました。医療的ケア児の保育にも、同じことが起こらないことを願います。つまり、「医療的ケア児」を見る保育者の目が「どのような医療的ケアが必要な子どもであるか」に偏ってしまい、その子どもの思いから離れてしまわないように、保育者は保育の本分を医療的ケア児だからこそ大切に守ってもらいたいと思います。そして、その保育の本質とその力を、異業種の人間も共に学ぶなかから、医療的ケア児の保育は豊かな子どもの育ちの地平を見せてくれるのではないかと思います。

「どうしたらできるのか」という発想から生み出される保育

幼保連携型認定こども園風の丘
（千葉県松戸市）

園の概要

- 法人名：社会福祉法人泉の園
- 代表者：甲斐恵美（園長）
- 園児数：65 名（これまでに入園した医療的ケア児は 7 名）

---

1. 法人と園の特色

　幼保連携型認定こども園風の丘（以下、風の丘）は、社会福祉法人泉の園にとって、保育施設としては 3 つ目の園となります。キリスト教精神に基づき、「おさなごは、神様からお預かりした大切ないのち」として子ども達をとらえて、保育が必要な乳幼児の健やかな成長を育んでいます。また、隣人愛の精神で地域社会への奉仕に努めています。保育施設のほかにも、「風の丘・こどもセンター」という子育て支援センターを開設し、妊娠期から乳幼児期の子育て家庭の支援を行っています。園舎やこどもセンターは、外観も内装も、木材をふんだんに使った自然素材溢れる環境となっていて、日々、子どもの主体性を大切にした保育に取り組んでいます。

2. 医療的ケア児の保育に取り組むきっかけ

　甲斐恵美先生は、同法人のさかえ保育園・風の谷こども園にて勤めた後、風の丘の園長に就任しました。保育者としては 26 年目。ずっと、子ども達の育ちを支えるために、キリスト教保育の理念のもと、「縦割り保育」という異年齢同士がかかわりながら生活しています。一人ひとりが大切にされ、自然のなかで育つことを保障し、興味・関心・好奇心を大事にすることによって子ども自らの感じたことや考えたことを素直に表現できるようにしてきました。自分の遊びたい場所を選び自由に遊ぶ。それは、食事のときも同様に、自分達で育てた野菜も食材

として取り入れて調理し、ランチルームを中心にみんなが集いながら、好きな人・場所を選んで食べるようにしています。園内だけではなく、地域社会のなかで、園児が同年齢・異年齢・障害児・地域の親子・高齢者・ボランティアなどの人と常に交わっています。そのかかわりのなかでお互いに成長し、支えあい、喜

みんなで一緒に

びを感じられることや、楽しいこと、危ないこと、未知のことも体験のなかから学び、身につけられるようにしていくことを大切にする保育を営んできました。そのような仕事に勤しんできた長い年月では、1993年に日本の子育て支援の先駆的取り組みとして、地域子育てモデル事業を実施した際の立役者となってその運営に奮闘しました。障害のあるなしにかかわらず、みんなが一緒に生活を営み育ちあう「インクルーシブ保育」にも積極的に取り組んできたのです。

　しかしながら、風の谷こども園で主任保育士を務めていたときには、医療的ケア児の日常的な保育は実現できていませんでした。そのようななか、医療的ケア児と運命的な出会いを果たすことになります。急な事情により園で預かりをすることになったのですが、体制等が整わず1年足らずの保育となってしまい、卒園まで受け入れることができなかったという申し訳なさでいっぱいだったのです。そのときのやりきれなさが甲斐先生の心に刻まれていました。

3. 医療的ケア児の保育の事前準備

　風の丘を設立する構想時、医療的ケア児の保育を行うための設計を前提にしていました。管轄自治体である松戸市も、医療的ケア児の保育を推し進めていましたので歓迎してくれました。前述のような心残りな経験があった甲斐先生は、そんな思いがある一方、未知である医療的ケア児の保育への不安があったため、具体的な実施は新園の保育が安定した後の先の未来として考え提案していました。しかし、その当時、児童発達支援事業所に勤めていた保育者の飯村先生に、「私達の施設を見に行きませんか」と声をかけてもらったのです。甲斐先生とその当時の主幹教諭は、すぐに見学に行くことにしました。どのような保育が必要なのか、どのような環境が必要なのかなど、一つひとつ丁寧に見聞きして学ぶことに

したのです。しかし、実際には、建物に入る前から驚かされることの連続でした。なんと、その療育機関は建物の2階にあり、車椅子は通れず、医療的ケア児を抱きかかえて階段を上らなくてはならなかったのです。つまり、バリアフルな環境でも保育ができていたのです。また、一つの部屋のなかでは、何人もの子どもが横たわり、医療機器が必要な子ども達もおり、そこにさまざまな専門家がかかわりながら、普通に生活していました。そんな衝撃的な光景を目の当たりにした、甲斐先生達の気持ちには一つの結論が出たのです。「やれる」と。人的環境も物的環境も整うからやれるのではなく、整えられていないところからでもつくり上げてやってみることができるのだと考えたのです。

4. 医療的ケア児の保育室「しろつめぐさの丘」の誕生

　そこで、飯村先生に設計の時点から加わってもらい、医療的ケア児が暮らしやすい保育室をつくり上げたいと考えました。「コンセントがあればできる」との意見を取り入れ、数多くのコンセントを作り、トイレやシャワー室、そして車椅子の生活という日常生活で当たり前に必要であろうと考えられる場所や動線を検討しました。雨の日に自動車を横付けして車椅子ごと直接入れるような入口を設置したり、スヌーズレンなど、個別対応ができる個室を整備しました。さらに、風の丘では、建設当初は3歳以上の医療的ケア児の預かりを考えていたので、

スヌーズレンの部屋で

幼児クラスの部屋と隣接した保育室にしました。医療的ケア児のための特別な保育室をつくりたいというよりは、子ども達が日常的に行き来して交流をもつ「インクルーシブ保育」を考えていたからです。子ども達の意思で互いに行き来したり、覗いたりすることができるようにという配慮をしました。そうした経緯のもとで医療的ケア児の保育室「しろつめぐさの丘」が誕生しました。

　医療的ケア児の保育を実施した翌年、利用者が1名となってしまったため、追加募集をしたところ、1歳児の利用希望がありました。その入所希望をふまえて、思い切って「乳児から受け入れ可能」へと変更することにしました。互いの保育室には距離があったり、1歳児クラスの保育室が医療的ケア児に対応する構

造でなかったり、今まで想定してきた3歳以上での対応としていた方針では環境を整えられないということになりました。しかし、そこは風の丘の職員達です。一丸となって、どうやったら子ども達が日頃から交流できるインクルーシブ保育が展開できるのかを話し合いました。結局のところ、距離があったとしても、0～2歳児が「しろつめぐさの丘」へ行って日常的な交流をするというよりは、医療的ケア児が1歳児クラスで日常生活を送り、必要なときに「しろつめぐさの丘」へ戻って対応すればいいのではということになりました。

　最近でも、医療的ケア児となる可能性のある乳児が入園した際に、医療的ケアが必要となっていく状況に合わせて、日常的に保護者と話し合いながら保育を続けていたケースがありました。子育て熱心な保護者で、子どもの状況しだいでは必要に応じて母親が仕事も辞める覚悟のある家庭です。1歳児となった現在、導尿が必要な医療的ケア児となりましたが、入園当初から通常の1歳児クラスでみんな一緒にという生活を送ってきたことから、医療的ケア児としてのわが子というよりも、1歳児クラスにいて、必要なときに「しろつめぐさの丘」でサポートを受けているわが子という意識で過ごしています。

　社会全体として、保育現場ではインクルーシブ保育の考え方や方法はさまざまではありますが、甲斐先生達、風の丘の職員は、当事者である医療的ケア児とその保護者のニーズに寄り添い、相談しあいながら、常に、最大限実現可能なインクルーシブ保育を目指していきたいと考えています。

友達と一緒にボウリング遊び

5.「みんなで一緒に」が当たり前の生活を目指して

　風の丘では、日頃の保育において、インクルーシブ保育を目指して、医療的ケア児を含めた「みんなで一緒に」が当たり前の生活をしています。そのため、行事のときも同じように取り組んでいます。例えば、年間行事のなかでは、毎年、年長児になると、2泊3日の林間保育という園外でのお泊まり活動を含めた行事があります。医療的ケア児のひろくんが年長となった年、コロナ禍ではあったものの、子ども達も保護者も全員が反対するものはなく、千葉県手賀の丘青少年自

然の家で林間保育を実施することになりました。参加するすべての年長児の保護者の協力も得て、現地集合、現地解散という、移動の感染予防策も万全にしながら臨むことになりました。

　この林間保育の実施にあたっては、ひろくんの保護者には個別に相談時間を設定し、話し合いを繰り返しました。保護者は開口一番、「ぜひ、参加させたい。できることならば、お泊まりもさせたい！」という希望を出しました。ひろくんは、慢性肺疾患のため、血中酸素濃度を適切に管理することが必要で、酸素吸入を用意しています。また、歩行の補助靴も必要としています。話し合いを繰り返した結果、肺の機能障害のあるひろくんには、第一優先は命の保障であるため、宿泊は難しいのではないかということになりました。しかしながら、保護者の希望もあったことから、毎日送り迎えをして、プログラムのなかで参加可能なことはすべてみんなと一緒に取り組んでいこうということになりました。

　どのプログラムでもひろくんは積極的に参加していましたが、特に印象的な場面として、甲斐先生は野外炊事の際に火を起こしてご飯を炊くときのことをあげています。ここではそのエピソードを紹介しましょう。

エピソード

かまどの火って
おもしろい♪

　林間保育1日目。子ども達は、園長の甲斐先生と一緒に火を起こしてかまどでご飯を炊くことになりました。医療的ケア児のひろくんもまた、ほかの子ども達と一緒になって木の枝を集めて、ほかの子が違う遊びを始めても、誰よりも根気強く、せっせと火の中にくべていました。ある程度、火が安定してくると、その美しい火に魅了されていくひろくん。興味津々に火を見入る時間が長く続き、とうとうご飯が炊きあがるまで火を守り続けました。

　2日目のキャンプファイヤーでは、夜遅くなることを見据え、午後からの参加となりました。夕方のみんなとの入浴は、初めての体験です。職員がしっかりと両手をつかみ、大きな浴槽に入ると、笑顔いっぱい。ほかの子がお湯をかけっこして、時折しぶきが飛んできても笑っていました。その夜のキャンプファイヤーでは、女神によって点火されると、それを見ながら、飯村先生の腕のな

かでスヤスヤと安心して眠るひろくんの姿がありました。

　この林間保育では、ひろくんのそばには常に医療的ケア児担当である飯村先生がいました。林間保育前には、飯村先生はお母さんに対して、どのように参加するのか、保育園としての願いやねらいを伝えつつ、保護者の意向も聞きながら相談していきました。可能な限り、ひろくんのその日の身体の状況に合わせて、無理のないように配慮しながらプログラムに取り組んでいきました。そのなかで、ほかの子ども達と同じようにどんどん自信をつけていきました。お泊まりはしませんでしたが、子ども達も朝、ひろくんが来ると大歓迎して、大喜び。一緒に大きなお風呂に入ったり、食事の時間には、大好きなポテトをてんこ盛りにして食べる様子があったり、日頃とは異なる生活体験をみんなと一緒にできたことに大満足の様子でした。

　このような行事という経験が、医療的ケア児を含めた子どもの育ちを支えることがありますが、そのなかで、子ども一人ひとりがそれぞれの歩調で成長している姿があると甲斐先生は語っていました。

　例えば、ある日のお別れ遠足のときのことです。このとき、年長児で胃ろうのある医療的ケア児のしんくんは、みんなとバギーに乗りながら散歩に参加しました。公園に着くと、抱っこでブランコに乗ったり、友達と会話しながら楽しみました。ひとしきり遊んで満足した後は、安全を考慮し帰園してから食事を注入をするため、タクシーで帰ることにしました。すべての遠足の経験はできませんでしたが、みんなと一

ブランコで友達とおしゃべり

緒の風景を感じ、歩きながら声をかけ、励ましあったりする経験は貴重なものとなりました。

　一方、酸素吸入や歩行器具が必要な医療的ケア児のひろくんは、みんなとお弁当を食べ、歩いて帰ることを選択しました。そしてひろくんは、何度も疲れた、歩きたくないと地団駄を踏みながらも、最後まで歩き切ったのです。共に歩く先には、ところどころで友達が待ってくれていました。ひろくんだけでなく、子ども達一人ひとりも疲れているはずなのに。そんなことが、ひろくんが自分の力で

梅の花を愛でるひろくん

最後まで歩き切るエネルギーとなりました。このときのひろくんのお母さんの感動はそれは大きなものでした。

子どもの足で1時間以上歩くお別れ遠足では、毎年のようにこのようないろいろなドラマが生まれます。しんくんとひろくんが参加したこの年の遠足先では、梅が咲いていた木の下でお弁当を食べましたが、鶯が来て長い時間さえずっていました。それは、まるでどの子ども達に対しても、歩き切った頑張りを祝福しているかのような美しい鳴き方でした。

6. 子ども同士が育ちあう指導計画

お別れ遠足という行事一つにおいても、子どもの日常の姿に基づきながら、保育実践に取り組む風の丘では、医療的ケア児かどうかにかかわらず、在園するすべての子どもに対し、3か月分の指導計画が1枚にまとめられた個人カリキュラムを作成しています。その計画には、「子どもの姿」「保育過程」「保育の評価」の記入項目を設定し、各項目欄に「保護者支援」の欄をつくっています。基本的にはクラス担任が作成しており、主幹教諭と共に内容を確認して相談をしながらつくり上げています。「子どもの姿」の欄に関しては、個別的な状況に応じた記入を重視していて、子どもの状態や必要性に応じてそれぞれが独自性のある記述の仕方が保障されています。

医療的ケア児の場合には、特に子どもそれぞれの状況が異なることから、作成方法や内容はさらに個別のニーズに合わせたものとなっています。入園直後から、子ども一人ひとりに必要な情報を書き留めるために個人ファイル（児童票）を全員に作成していますが、さらに、医療的ケア児の場合には、「疾患」「生活歴」「育児・介護状況」「健康・発達状況」「本人の嗜好等」など、家庭における状況を中心に、どのような状況にあるのかをしっかりと把握できるようにしているのです。

また、医療的ケア児の場合には、看護師と担当保育者が一緒に作成していることが特徴です。子どもに関することだけでなく、保護者に関することや、保育環境、職員全体の動き方など、保育者と看護師が互いの情報交換によって学びあいながら作成しています。

　さらに、風の丘では指導計画上、心がけていることがあります。医療的ケアの必要な子どもの場合、どうしても視点が医療的なケアに向きがちです。しかし、風の丘の場合、友達と育ちあいながらの社会性の成長を重視した保育を行うことです。特にインクルーシブ保育ということを目指し

バギーに乗ってお別れ遠足

た園の方針では、常に子ども達同士の今に即した関係性のなかで、どのように個が育ち、集団でも育っていくのか、個人カリキュラムに発達課題を入れながら、保育者も看護師も支える内容を共有してかかわっていきます。保育現場では、家庭や療育現場とは異なることとして、何よりも子どもの育ちに影響を与えるのは、子ども達同士の仲間関係です。家庭ではもちろん、家族の構成である兄弟・姉妹関係での子ども同士の育ちあいはありますが、関係性を築きながら互いが影響しあい、育ちあうこととしては、ケアされる側としての医療的ケア児と、ケアする側の子どもという構造が基本的にはなく、関係のなかで学びあい、成長しあうという考えに基づいた記述を心がけているのです。その記述した計画から、1か月ごとに保育を評価しながら振り返り、次の計画へ反映することで、より子どもの理解に基づいた保育展開を目指しています。保護者と共に、次の計画や現状の医療機関での内容も情報共有しながら相談し、その内容も反映して計画を続けていきます。

7. レスパイトケア（日中一時支援）への挑戦

　医療的ケア児の保育をスタートして4年目。風の丘では、医療的ケア児の入所希望がなかった期間がありました。その期間、私達には何ができるのか。甲斐先生達は問い続けました。そこでたどり着いたのは、24時間体制でわが子の医療的ケアに取り組んでいる保護者に休んでほしい、少しでも自分の時間をつくってほしいという思いでした。そこで、医療的ケア児保育も子育て支援と同様に、レスパイトケア（日中一時支援）が必要ではないかという考えに至り、所轄である松戸市に申し出をしたのです。その結果、保育課並びに障害福祉課と協議を重ね、共同で実施することになりました。その後、日中一時支援を活用する人が現れ、医療的ケア児とその家庭において有効性があることを実感しました。

医療的ケア児のかずくんは、４歳児で利用開始しました。以前は別の保育園へ通っていましたが、進行性のある医療的ケア児でした。段々と動けなくなる状況と診断されていましたが、利用当初は介助歩行しながらも、幼児クラスのみんなと交わって走ったり、一緒にランチをしたりするほど、友達とも自然なかかわりをもちながら生活をしていました。生きる力が蘇ってきたかのようでした。しかし、１年弱の間のことです。徐々にではありましたが、かずくんの症状は進行していきました。最終的には、歩くことも、食事をすることもできなくなってしまったのです。それでもかずくんは、最後まで友達といたい、保育現場に行きたいという意欲は変わらず、保育者に支えられながら楽しむ姿がありました。友達と一緒にいられることが、かずくんにとって、何よりの喜びだったのです。そして、通園の最後の日を迎えるまで、保護者、保育者、看護師達全員が、毎日のように覚悟する日々を過ごしました。毎日が誰しもにとって大切な時間でした。ついに、かずくんが最後に風の丘へ行く日。看護師同伴の介護タクシーで登園してきました。子ども達は一人ひとり、優しく包み込むようにかずくんのそばに訪れます。かずくんはうっすらと目を開けながら、そのみんなの声を聴いて、１時間という貴重な時間を過ごしました。そばにいるお母さんは、泣きながらかずくんと子ども達の姿を見て、一緒に過ごしていました。その１週間後、かずくんは安らかに息を引きとりました。家族は、かずくんにとって、生きてきたなかで大切に過ごしてきた場が風の丘であったと語っています。その言葉どおり、それが何よりも、かずくんと共に過ごした全員にとっての「大切な貴重な生きる時間＝宝物となる経験」となったのではないかと甲斐先生は言います。その後、お母さんは、かずくんの弟の一時保育として風の丘を利用しています。今でも、担当の飯村先生にお話に来ており、生きていた時間を共有している感覚をもっています。それだけ、かずくんが利用者としていた保育の場が、家族そのものの生きる拠り所となっています。

8. 保護者が預けるという気持ちの緩和に向けて

　風の丘は、松戸市の管轄課と共に協働して、市全体に医療的ケア児保育を広げる活動をしています。市内にあるあおぞら診療所の前田浩利医師（在宅診療医）が、市の委嘱により年２回の巡回指導を行ったり、研修などを実施したりしています。普段も子どもの情報を伝えて相談すると、前田医師から適切な指示や的確なアドバイスをもらえるので、安心して医療的ケア児の保育に取り組むことができています。いわば、これらの対応は、医療機関と行政と保育現場が、トライアングルのように連携をとって支援体制が整備されているということです。そのような実

情があるにもかかわらず、未だ預かるまでには至らない園が存在しています。受け入れ可能な園も多くなっているにもかかわらず、「ニーズがない」という現象が現れているのです。医療的ケア児を抱えている家庭は、地域のなかに存在するはずなのになぜなのだろうか。甲斐先生達保育現場の先生は、その課題に直面しています。保育現場と医療的ケア児の家庭双方がつながっていない理由は、預かりの際の諸条件が高いことなのか、それとも安心して預ける気持ちが整わないことなのか問い続けています。

　甲斐先生には、全国に先駆けて子育て支援センターのモデル事業をスタートさせた経験がありました。そのスタート時期に行った保護者に向けてのアンケートのことを今、思い出しています。その回答では、地域の子育てをしている保護者は、子どもを預けて少しでも自分の時間をもちたいという思いがありつつも、実際に預けようとなると、預けることは悪いことなのではないかという、潜在的な恐怖感や不安感に苛まれていました。そこには子育て家庭へ向けた、目に見えない社会的な価値観に押しつぶされている保護者の存在があったのです。そこから、子育て支援センターを当たり前のように利用するに至るまでには長い時間を要しました。今、まさに医療的ケア児を抱える保護者もまた、もしかすると預けることへの罪悪感や不安、社会的な価値観への恐怖感や不安感があるかもしれないのです。

　風の丘の医療的ケア児を抱えた保護者の経験談として、利用当初は就労していましたが、その職場で、医療的ケア児を抱えているようであれば部署を変えるようにという指示をされてしまったことがありました。そのとき、保護者は、この辛い現実に耐えられず、すぐに職場を退職し、医療的ケア児も退園してしまいました。昨日まで毎日のように楽しく通園していた医療的ケア児と保護者が、力強く生きる日常を一瞬のうちに奪い去られてしまった出来事でした。甲斐先生のこのお話にあるように、このような一番がんばっている保護者をこれほどまでに苦しめる社会状況に対して、保育現場が心を痛めたり、憤りを感じたりすることがあるということを、筆者はよく耳にします。このような医療的ケア児を抱える家庭を支え続けてきた甲斐先生に、一人の保育者としてそのような家庭へ伝えたいことを聞いてみました。

　医療的ケア児は一人で育てるのではなく、多くの人たちが育てることによって喜びが重ねられると思うんです。なぜなら、かかわる人たちの愛情をもらうことができるからです。それは、子どもだけではありません。保護者も、多くの人からの支えがあることによってお互いの愛情を交わしあうこと

につながります。そこで信頼関係が生まれてくると、親子にとっての心地の
よい場所となっていき、安心できる場所が増えていくことにもつながってい
きます。それは、医療的ケア児を抱える家庭だけではなく、すべての子育て
をしている家庭に必要な場所なのです。そこには必ず人々の笑顔が生まれて
います。

　この甲斐先生の言葉を裏付けるように、医療的ケア児のあいちゃんの保護者は、
風の丘の保育と出会ったことで、これまでとは違う生きるうえでの勇気と自信が
得られていると語っていました。入園するまでは、外出時に学校へ登校する子ど
も達から、わが子へ心ならぬ言葉をかけられたことで大きなショックを受け、医
療的ケア児家庭として生きづらさを感じて涙する日々でした。しかし、風の丘は、
これまでの社会で感じてきた生きづらさとは全く異なる、愛情に包まれた環境そ
のものでした。当たり前のようにわが子の傍らには人が集まり、分け隔てなく交
流し、笑顔で過ごしている。

その当たり前の生活がうれし
くて、私達親子の生きるパ
ワーになっており、どんな生
きづらさがあったとしても立
ち向かえる今があるのだとあ
いちゃんの保護者は語ってい
ます。

　あいちゃんの保護者のよう
な、ショックを受けた経験の
ある医療的ケア児の家庭はま
れではありません。今、まさ
に医療的ケア児を抱え、生き
づらさをもっている家庭が、
このような医療的ケア児の保
育に取り組む素晴らしい現場
と出会ったとしたら、きっと
エンパワメントされることで
しょう。だからこそ、医療的
ケア児の保育は、社会にとっ
て当たり前のように必要とさ

砂場で遊ぶあいちゃん

トウモロコシの皮むきをするあいちゃん

れている保育なのではないでしょうか。

これまでの医療的ケア児の保育実践を
振り返り思うこと

幼保連携型認定こども園風の丘　園長　**甲斐恵美**

「共に過ごすことで互いを理解し、互いに刺激しあい、互いに成長する」と実感しています。それは、子ども同士も、保護者も、職員も、かかわっている人みんなです。これは、医療的ケア児保育に限ることではありません。

私自身もそうでしたが、医療的ケア児の保育という未知への挑戦は、命とより直結することも含め、さまざまな不安が広がり、実践への道に足踏みをしていました。しかし、実践をしてみると、不安よりも、発見が多く、互いに成長し、喜びあっています。子どもの成長のみならず、大人の意識も変えてしまうのです。

医療的ケア児の保育を始めて2か月目のこと。週に1度通っていた胃ろうのある全面介助のお子さんのお母様が、「園に来た日の帰り道は、バギーのなかで家に着くまでずっと笑っているんです。よっぽどこども園が楽しいのでしょうね」と話してくださいました。私達にとって最大のほめ言葉でした。その子にとって、風の丘が喜びの場所となっていること、そしてそれを感じ喜んでいるお母様の姿に、医療的ケア児保育を実施してよかった、と思ったエピソードでした。そしてその言葉に、私たちは少し自信をつけ、背中を押された思いでした。

もうひとつのエピソードは、翌年のことです。気管切開をし、少し顔や目に特徴がある1歳の医療的ケア児が入園し、2か月が経過した頃のお母様のお話です。「入園前、ベビーカーに子どもを乗せて外出すると、小学生に「何でそんな顔してるの、変なの」と言われ、返す言葉も出てこなかったです。それ以来、子どもを連れて外に出るのが怖くなりました。でも、風の丘に来て、子ども達が声をかけてくれ、先生方にも支えられ、今のままの子どもを認めてもらえていることを感じ、自信がつきました。だから、もう外出することは怖くないです」と。なんて心ないことを小学生は言ってしまったのかと、憤りを感じると同時に、日本の社会が、障害のある人達を区別し共に生活をしていないので、特殊なこととして見てしまうのだと改めて感じ、認めあう当たり前の社会であってほしい、この風の丘から変えていきたいと思いました。

筆者の仲本先生も述べてくださいましたが、風の丘では、インクルーシブ保育を目指しています。

その日の子どもの体調に合わせながら、園児たちと交わりかかわりあうことを

積極的に行っています。看護師や担当保育者はそばに付いていますが、ほかの子と同じです。もちろん、同じことができるわけではありませんが、そこが重要なわけではありません。できないことも認めあえばよいのです。保育士なら誰もが知っています。子どもは子どものなかで育つことを…。そして、たくさんの力をもっていることを…。だから子どものなかにいることが必要なのです。

医療的ケア児保育にかかわっている看護師や担当保育者は、次のように述べています。

「風の丘で実施している意味を考えて、子どものなかにいることを意識しています。しろつめぐさの丘の職員も、ほかの職員との関係をとるように努めています。そして、いろいろな職員と医療的ケア児の共有を図っています。また、保護者が行っているケアの手技等については、指導はせず、まずは受け入れるようにしています」

さらに、看護師の廣川さんは、次のように述べています。

「風の丘の生活のなかでは、医療者でない親が行っている手技であるため、看護師ではなく保育士が医療的ケア児を担当できたほうが、子どものためによいと思っています。看護師の役割としては、手技や観察についての指導と、困ったときの相談役であると思います。困ったときにすぐに何でも相談してもらえるように、保育士との関係性や日々の情報共有を大切にしています」

また、担当保育士の飯村先生は、次のように述べています。

「将来を考えて、社会性を養うことが大切であると考えています。配慮すべきことは配慮しますが、子どものなかで子どもは育つことを、医療的ケアがあるからといって特別視しすぎないことが必要です。また、地域で生きるのであるから、居住している地域の小学校や保育園に通えるようになることを望み、選択ができることが大切であると思います。そのためにも医療者がすべてを担うのではなく、保育者や教員、介護職などが医療者と連携して、共同体制をとれるチームをその子どもを中心につくっていけたらよいと思っています。喀痰吸引等の第3号研修の強みを活かせる社会になっていってほしいです」

担当職員の思いは、ほかの職員にも伝わっており、第3号研修は私を含め4人が修了しており、さらに2人の保育士が受講をしました。実際には、手技は磨き続けなければなりませんし、それ以上に子どもの状況判断ができないといけません。誰もができるようになるにはまだまだ遠いのですが、一人ずつできる保育士を増やしていきます。そして、そのことが、保育士にとって一つの自信となっています。

保育同様、職員の志が同じ方向を向いていることが大事です。そのためにも、

子どもの様子やエピソードを共有し、共に笑い、喜び、共に悩んでいます。それと同時に、ほかのクラスの職員や子ども達とも、同じ一員として互いに積極的にかかわっています。大変なことや課題もありますが、そんなときこそ、どうしたらよいか、何ができるのか、職員と共に考え、小さな一歩が前に出せるようでありたいです。

　少しずつですが、市内にも医療的ケア児保育をする保育園が増えてきました。私自身もそうでしたが、頭で考えるのでなく、そこに行き、話を聞き、実際に目にすることが人の心や行動を変えます。「百聞は一見に如かず」です。風の丘もその役目を果たし、医療的ケア児保育が広がっていくきっかけとなっているのであればうれしいです。

3 並行保育を通した ソーシャル・インクルージョンの実践

児童発達支援事業所　あきやまケアルーム
（東京都三鷹市）

園の概要

● 法人名：医療法人社団千実会

● 代表者：秋山千枝子（医師）

● 定員：5 名

● 対象児：生後 6 か月〜未就学の重症心身障害児、医療的ケア児

● 配置職員：児童指導員、保育士、看護師

1. 法人と事業所の特色

　遊びを通して子どもと子どもが触れ合い、お互いの楽しい時間をただ過ごしていく姿がそこにはあります。障害のある子もない子もグレーな子も、どんな子だって毎日一緒に過ごす仲間。いわゆる「ソーシャル・インクルージョン」の光景が、あきやまケアルームには普通に流れています。

　そんなあきやまケアルームでは、2015 年より、医療的ケア児が地域の保育所にも通う試み「並行保育」を実践しています。ここではその様子を紹介していきます。

（1）基本概要

　東京都三鷹市にあるあきやまケアルームは、秋山千枝子医師が開設した児童発達支援事業所です。「病気があってもなくても、障がいがあってもなくても、すべての子どもたちに発達支援をする」という目標を掲げています。子ども達が大人になって自己実現でき、社会貢献ができるよう、乳幼児期につちかっておくべき力を育むことを大切にしています。創設者の秋山先生は小児科医で、障害児入所施設などで働いていましたが、1997 年にあきやま子どもクリニックを開設し、その後、子どもと保護者の日常支援の必要性を感じ、2004 年にあきやま保育室を、2013 年にあきやまケアルームを開設しました。そのほかに、病児保育室あ

みんなでお散歩

きやまルーム、訪問看護ステーションあきやま、こども相談室、一時預かりスポット保育室チューリップ、子育て広場モモ、Mama & Babyあきやまを行っています。また、国立成育医療研究センター、都立小児総合医療センター、杏林大学病院と連携しながら、診療から保育、児童発達支援まで行っています。

（2）支援目標

① 「社会に適応できる生活リズムを親子で確立する中、健康の維持・増進を図り、一人ひとりの成長を助長しながら、心身ともに健全な生活を送れる基盤をつくる」

② 「様々な活動や人との関わりを通して、お子さまの感情を豊かにし自分の意思を表現することや伝わる喜びを育みコミュニケーションを充実させていく」

2. あきやまケアルームのソーシャル・インクルージョンの実践

（1）あきやまケアルームの信念

秋山千枝子先生

秋山先生は、2つの強い信念をもっています。1つ目は、「ソーシャル・インクルージョンの根っこを就学前につくる」ということです。今の日本社会では、障害がある子どものスタートは児童発達支援（障害児支援）で、特別支援学校に進み、18歳まで障害児教育の枠組みのなかで過ごすという、障害児用のトラックが用意されていることに先生は疑問を感じていました。この障害児用トラックに乗ると、地域の子ども達と一緒に生活したり遊んだりする機会がありません。本来であれば、子ども達が社会性をスタートする

ところは、幼稚園や保育所であるべきです。障害があっても同じ子どもなのだから、その地域で一緒に成長していく。ただ、一人ひとりの特性が違い、発達のスピードが違って、サポートが必要な部分もあります。だから、児童発達支援の丁寧な見守りと発達支援を行いながら、地域へつなげていく。その信念からくる取り組みがソーシャル・インクルージョンであり、並行保育なのです。

　２つ目は、「医療的ケア児の保護者に、自分の生活をしてもらいたい」ということです。保護者もそれぞれの築き上げてきた生活や仕事、やりたいことがあります。そのがんばってきたこと、やらなければならないことを今までと同じように続けられるようにしたいと考えています。現状として、子どもの受け入れ先がないということで、断られ続ける経験が積まれていくと、段々と保護者達は、子どもの代わりに権利を主張する人になってしまうことが多くみられるそうです。けれども、権利を叫べば叫ぶほど、地域で孤立していってしまう悲しさがあります。先生は、彼らはケアラーではなく、代弁者でもないと強く言います。社会がバックアップしていないと、彼らはつぶれてしまう。そんな危機感からも、あきやまケアルームの取り組みは、家族のライフスタイルに寄り添った形で実践されています。

（2）ソーシャル・インクルージョンの実践

　あきやまケアルームでは、日中はあきやま保育室と合同で日中活動を行うことを基本にしています。医療的ケア児だからといって、子ども達もスタッフもいい意味で特別扱いしていません。スタッフは、みんなの前であえて医療的ケアを行うそうです。みんなが医療的ケアを目にすることで、ほかの子ども達も、「○○くんにはあの機械が必要なんだね」「ゾロゾロ音がしたら、先生に教える必要があるんだ」など自然にわかるようになるそうです。また、注意して大事な機械に触らないようにしたり、子ども達は自分で判断して行動をとるように変わっていきます。

　多くの保育園では、医療的ケア児を受け入れて保育を行うとなると、安全のために事務所などに隔離したり、医療的ケアを行うときは別室に移して実施する傾向があります。それではお客様状態になってしまって、ほかの子ども達も医療的ケア児も、ありのままで一緒に過ごすことができにくくなってしまい

みんなで一緒に製作活動

ます。そのため、あきやまケアルームでは、医療的ケアもみんなの前で行うことを心がけています。最初は子ども達も興味津々ですが、すぐに日常風景に溶け込んでしまって、「普通」になります。

（3）レスパイト機能をもったお泊まり保育

　あきやまケアルームとあきやま保育室では、行事も一緒に行います。なかでも、合同で行う夏のお泊まり保育は、楽しいイベントの一つです。日中保育が終わった後の18時から行うのですが、ランチョンマットづくりや、かき氷、宝探し、影絵などを行います。夜ごはんを食べて、シャワーを浴びて、寝床につくということも新鮮です。医療的ケア児の日中とは違う夜の様子をみることができます。夜間に必要な医療的ケアの大変さは聞いてはいたけれども、実際に夜間の医療的ケアを体験することで、こんなに壮絶なんだという保護者の苦労もわかることができます。保護者がナーバスになったり、睡眠がとれないストレスも、実際に目にしたり、体験することではじめて本当の意味でわかるようになります。

　家族にとっても、このお泊まり保育は必要なものになっています。お泊まり保育が終わってお迎えのときに、家族から「家族で外食に行くことができました」「久しぶりにぐっすり眠ることができました」などと報告してくれたりします。医療的ケア児は入院することもあるのですが、入院とは違って子どもも元気な状態でのお泊まりであり、ケアルームの行事ということで、罪悪感を感じることなく預けられます。短いですが、医療的ケアに縛られてしまっていた生活から家族を解放することができる機会となっています。

（4）職員の育成

　スタッフは、あきやまケアルームやあきやま保育室で、動じることなく医療的ケア児の保育やサポートをしています。ただ一緒に過ごすだけではこうはならないだろうと思い、どのようにスタッフを育てているか聞いてみました。

　医療的ケア児が保育室で過ごすことに決まると、保育室のスタッフも交えて全員で話し合うそうです。そこで意見を聞いて、不安に思うことや負担と感じていることを出しあいます。国立成育医療研究センター経由で来る子どももいるので、初めて聞く疾患名や、新しい治療法ばかりで不安になることも多いようです。そのため、看護師が保育スタッフにもわかりやすいように説明してくれます。

　ケアルームの新人スタッフには、看護師1名張り付きで配置して、実際に子どものケアをしながら学んでもらいます。医療的ケア児の医療的ケアのタイミングや特徴がわかるようになってきたら、看護師から少しずつ離していきます。あとは、保育室とケアルームの両方の状況をわかってもらうようにしています。どちらもわかっていると、医療的ケア児が集団に入る際に、どのような大人の介助

······················· 新人職員の 視 点

吉澤夏実さん（児童指導員）

白梅学園大学子ども学部家族・地域支援学科卒業。障害のある子どものケアとソーシャルワークを行いたいと2022年に就職し、あきやまケアルームに児童指導員として配置される。保有資格は、社会福祉士。趣味はお菓子づくり。

■ OJT のありがたさ

　入職当初は、看護師さんが注入するための食事の準備や、機材を運んだりという医療的ケアの前段階の準備や、お散歩介助だけをしていました。当初、医療的ケア児さんがかわいくてかかわりたくても、どうやってコミュニケーションをとればいいかわからないという、ただただ不安な状態でした。けれども、一緒の時間にケアに入る先輩保育士さんや看護師さんが、「身体が硬直したら○○すればいいんだよ」とか、「今反応してくれたね。喜んでくれてるのかな？」など、ちょっとした反応の受け取り方や注意点などをOJT（On the Job Training）で教えてくださり、ありがたいです。

■ 喀痰吸引等研修

　入職して半年後に、都の「喀痰吸引等研修第1号・第2号研修」を受講しました。これは秋山院長のご指示で、研修費用も仕事との融通も配慮していただきました。座学の講義（50時間9日間）は、平日週に1回（3時間）と土曜日（8時間）を2か月行い、最終試験を合格して、その後、実地研修で、看護師さんについてもらって決められた子の医療的ケアを研修して、無事に資格を得ることができました。とてもうれしかったです。

　資格を取得したことで、よりその子のことを理解できるようになりました。行為のメリット・デメリットや、リスクなどの知識もグッと増え、ケース会議のときも、根拠をもって発言できるようになりました。ケアチームの一員になれた気がしています。不安もすごく減りました。

■ 正直こわいです

　正直、私が担当しているときに突然、てんかん発作とかを子どもが起こしてしまったらと思うとこわいです。一度、子どもが急に寒がってガクガク震えて泣いてしまったことがあって、とても焦りました。「発作対応マニュアル」を見て我に返り、まずはほかの職員に報告だと冷静になれました。そして、看護師やほかの職員を呼んで、3名のスタッフが来て対応してくださったので、安心しました。

　でも、そのこわさが、お散歩のたびにお散歩バッグにケアグッズがきちんとそろっているか確認したりとか、緊急時対応貼り紙を見直したりとか、しっかりと準備するという行動につながっていると思います。漠然としたこわさではなく、「こわいから○○しておこう」という、具体的な対策につながっています。

が必要かなどがわかるからです。ソーシャル・インクルージョンを実現していくためには、この両方の状況を知る担当者を育てていくことは、とても大切だと実感しています。

（5）保育士と看護師の連携

並行保育を支える職員同士の連携は欠かせません。とくに、保育と看護の視点は異なります。まずそれに気づくことができます。看護は１：１が基本です。病院勤務の経験がある看護師であればなおさらその特性が強く、１：１で診るということが身体に染みついています。一方保育士は、集団を通してかかわっていくことが得意です。子どもを個としてとらえるだけでなく、集団としてどのような育ちの環境が必要なのかをとらえながら、全体への働きかけをしていきます。

日々一緒に仕事をしていくなかで、その違いに「へぇ！」と驚き、興味をもち、

看護師の河村咲絵さんと保育士の髙橋恵子さん

お互いを知っていきます。お互いその子の支援目的を共通して認識しているので、今はべったりそばにいる必要はないとか、お互いどうするべきかわかることが大きいです。そして、「今は看護いらないです！」と言ったりしながら、役割分担をして進めています。

3. 並行保育の取り組み

（1）並行保育とは

並行保育とは、児童発達支援事業所に通っている医療的ケア児が、地域の保育所にも通って保育を受けることです。児童発達支援事業所と保育所の両方に同時に通うため「並行保育」と名付けられました。保育所では、障害のない子ども達と保育を受けるなかで、仲間との相互理解や、交流を図っていきます。

あきやまケアルームでは、2014年に厚生労働省のモデル事業を受託したことを契機に、毎年、並行保育を続けています。のべ32名の子どもを合計319回実施してきました。毎年の並行保育の状況は図表2-1のとおりです。

（2）並行保育のプロセス

並行保育の手順としては、まず並行保育に該当する子どもと保護者に意向確認を行います。そして、武蔵野市・三鷹地区重症心身障害児地域生活支援協議会で

「このような子が来年度並行保育を希望しています
のでよろしくお願いします」と、保育園の園長や市
の担当課へ伝えます。配属園が決まると、保育園と
あきやまケアルームで情報共有や見学会を行い、エ
レベーターの有無や、動線確認など環境を確認しま
す。

　その後、具体的な準備をしていきます。医療的ケ
アの手順書を作成したり、並行保育を行う医療的ケ
ア児を知ってもらうための資料づくりをします。保
育園から入るクラスの年間計画書をもらって、どの
ように医療的ケア児が入っていくことができるか、
ケアルームで検討していき、保育計画書を作成しま
す。その保育計画書をもとに、保育園でクラス全体

●図表 2-1　並行保育の
　　　　　状況

実施年	医療的ケア児数
2014 年	4 名
2015 年	3 名
2016 年	2 名
2017 年	3 名
2018 年	2 名
2019 年	3 名
2020 年	3 名
2021 年	2 名
2022 年	4 名
2023 年	1 名

の視点から確認していきます。そして、在園児保護者への掲示や園だよりで、並
行保育のお知らせや、子ども達に車椅子に触らないなどの約束確認をしたりしま
す。

　武蔵野市・三鷹地区重症心身障害児地域生活支援協議会で作成した「重症心身
障害児の並行保育の実践に向けたガイドライン」に沿って、並行保育を行ってい
ます。双方のスタッフがお互いの現場を見学に行ったり、打ち合わせをしたりし
て、一つひとつ丁寧に確認をしながら準備しています。

（3）並行保育のために使用しているツール

　並行保育では、関係者が増えることからも、日々の情報共有がとても大切にな
ります。どちらのスタッフにとっても負担なく効果的に共有できるように、あき
やまケアルームでは下記のフォーマットを用意し、活用しています。

・並行保育記録
・観察点記入書
・医療的ケア児保育支援業務委託仕様書
・重症心身障害児の並行保育の実践に向けたガイドライン
・医療的ケア児受け入れに関する医師の意見書および指示書
　（東京都医師会乳幼児保健委員会作成）

●図表 2-2　並行保育の流れ──並行保育実施早見表

ステップ1 協議	協議に際しての情報提供は、法令に則り個人情報の守秘義務を遵守し、氏名、年齢、基礎疾患および障害の内容について開示、説明する。 ①並行保育予定児の提案 　＊各専門職・並行保育実施児（以下「児」という）の在籍施設・市の障害などの福祉担当・子育て支援担当（保育園を含む）で検討し、保護者の同意を得て児を協議・決定。 ↓ ②基礎疾患の確認と現状のケアの継続を検討 　＊並行保育中にも、児の在籍施設と同様の医療的ケアや日常生活が送れるよう人的・物的環境を整えられるか検討。 　＊医療的ケアの有無によらず生活上の配慮および、看護師や療法士などの専門職との連携について協議する。 ↓ ③医療的ケアの確認 　＊医療的ケアの内容および日常生活、保育中の実施内容や回数の確認。 　＊医療機器に関する配慮（環境設定や必要物品など）や危機管理の対策の検討。
ステップ2 事前準備	①児の日常生活の把握と受け入れ園の見学の実施 　＊児に関する情報を市の子育て支援担当課（保育園を含む）・在籍施設・受け入れ予定園の責任者で共有し意見交換を行う。 　＊児の在籍施設および受け入れ予定園へ見学し、児・受け入れ園・並行保育時間・日数を協議・決定する。 ↓ ②受け入れ園の保育体制の準備 　＊児の発達や生活レベルに見合ったクラスを選定し、保育の進め方を確認する。 　＊保育部屋の環境・児の保育中に必要な備品や園で使用する荷物・給食提供の仕方などを検討する。 　＊受け入れ園の保護者への周知。 ↓ ③保育計画の作成 　＊在籍施設と受け入れ園の双方で、共通認識をもち互いの子ども達にとって有益な並行保育が行われるよう事前に立案する。

4. 実践エピソード

エピソード

子どもの そのままを 受け入れる力

クラスメイトと花壇づくり

　ともくんは、4歳のときに並行保育を経験しました。心臓の疾患で手術をし、下顎高度低形成の子どもで、在宅酸素療法、気管切開、たんの吸引、経管栄養などが必要です。

　並行保育当初、ともくんは恥ずかしそうにしていましたが、すぐにクラスにも慣れ、お友達とのコミュニケーションを楽しむようになっていました。回を重ねるにつれ、朝の会で担任の先生のほうを向き、座ってお話を聞くことができるようになっていきました。そして帰りの会では、机に頭を伏せて、「悲しい」「もっと遊びたい」と意思表示をしていました。

　ともくんが並行保育を始めた当初は、ほかの園児は興味津々で、医療器具や処置について「なんでともくんはよだれがいっぱい出るの？」「なんでともくんはリュックをいつも持ってるの？」など、いっぱいの質問を同行看護師に尋ねていました。「うまくごっくんができないからよだれが出ちゃうんだよ」などとわかりやすいように答えたつもりでしたが、子ども達は「ごっくんができない」ということが感覚的にもわからなかったそうです。子ども達はわかるまで聞いてくるので、同行看護師も、どのように医療的ケアについて子どもにわかりやすく伝えられるか、いろいろ工夫していました。小さな子ども達の疑問に、丁寧に答え続けると、ぱたりと質問が止みます。

　日中活動では、みんなと一緒に粘土遊びや砂あそび、築山あそびを行いました。一緒にすることで、相手を思って顔のそばで音を鳴らしたり、子ども達は工夫するようになっていきました。ともくんもそれに応えるように、友達のいるほうに顔を向けて、反応を示すように。

ともくんが来られないときには、みんなでともくんともっとお話できるように、手話を練習しました。「いっしょにあそぼ！」という手話。「いいよ！」というサイン。来られない日もそうやってともくんと遊べることを想像して、ともくんがまたクラスに戻ってくることを楽しみにしていました。

　また、朝の会で出席確認をしたとき、先生が「みんないますね！」と言うと、「先生、ともくんがいません！」と答えるように。ともくんは毎日来られないけれど、すっかりクラスの一員として、みんなの仲間として認識されていることがわかった瞬間でした。一緒に過ごした経験が、子ども同士の関係を築いていっていました。保育園の先生達も、子どものその子そのままを受け入れる柔軟性に、素直にすごいなと感心されたそうです。

エピソード

親子にとっての地域への第一歩

　れいくんは、４歳から５歳のときに並行保育を経験しました。れいくんは脊髄性筋萎縮症Ⅰ型*¹で寝たきりです。人工呼吸器と胃ろうを付けていて、常時、呼吸管理とたんの吸引などが必要な子どもです。１歳のときからあきやまケアルームに通っています。

WORD
＊１　脊髄性筋萎縮症Ⅰ型…脊髄性筋萎縮症（SMA）は、染色体異常により運動神経細胞の発達異常が起こり、体幹や腕・脚などの筋力低下、筋萎縮、筋緊張低下（筋肉が柔らかくなった状態）になる病気。発症時期と症状の重さにより４つのタイプに分けられており、Ⅰ型は生後０〜６か月に発症し、座位をとることも難しい重症型で、人工呼吸器が必要になる。近年は新薬の開発が目覚ましく、早期からの治療で症状を抑えられるケースがある。

　れいくんの母親は、れいくんの医療的ケアをほかの人にやってもらいたくないと、医療的ケアをすべて自分で行いたい人でした。あきやまケアルームにも毎回付き添っていました。そのため、スタッフも声をかけて一緒に医療的ケアを行ったり、お話をしたりしながら、少しずつ手を出す機会を増やしていったそうです。そして、母親ががんばりすぎてしまわないか、れいくんと離れることができるかと心配した秋山先生が、並行保育を母親に勧めました。

　並行保育は週に1回、9時から11時までの時間で、3か月間ずつ行われました。給食の時間も過ごせる体制にもありましたが、母親が経管栄養の注入は1時間かけてゆっくり行うので、食事は落ち着いたおうちでさせたいとの希望で、お昼前の帰宅になりました。

　最初は、れいくんが安全に過ごせるか、お友達が受け入れてくれるか、大人は心配していました。でも、どんどんみんなと同じ時間を過ごすことで、一緒に製作や楽器遊びをすることが増え、れいくんもみんなの目を見て話すように。れいくんはお友達が話してくれると、目を見張るようなしぐさを見せたり、うれしそうにしていました。みんなと一緒に、ドンジャンケンポンや「だるまさんがころんだ」といった遊びを楽しんでいました。

　みんなもれいくんが一緒に遊べるように遊び方のルールを考え始めて、いろいろなアイデアが出ました。「いいねカード」や「Yes・Noカード」、「絵カード」などを使って、朝の会や遊びをすることにしました。ゆっくりゆっくりのれいくん。れいくんがカードを選んでいる間、みんなその時間を逆に期待に胸を膨らませてワクワクしていました。「れいくんがまたクラスにきてくれた！うれしいね！」の気持ちが新たな刺激となり、次々と新たな遊び方をみんなで考え、展開されていきました。

　この並行保育の経験を経て、母親も少しずつ変わっていったそうです。れいくんに関することは慎重にしてきていましたが、少しアクティブになったように周りは感じています。あきやまケアルームの行事にも参加するようになったり、ほかの人の手を借りることにためらわなくなったり。地域に受け入れられたという感覚が、次のステップに母親の背中を押してくれたのかもしれません。

（1）発達年齢だけでなく実年齢のクラスで過ごす意味

　実際に並行保育を行って、保育園の先生が気づかされたことも多くありました。その一つがクラスの選定です。医療的ケアが必要なので、その子のADL（日常生活動作）レベルや、安全などを考えて、床面積が広くとれるクラスに配属する

ことが基本でした。3歳児だけれども0歳児のお部屋で過ごすことにして、日中の活動だけ3歳児クラスに入り、お昼は経管栄養で時間もかかってしまうので、0歳児のお部屋でゆったり本人も過ごせるようにと、その子の状況に応じてみんなで配慮していたつもりでした。

　しかし、同じ学年で同じときを過ごす、動作や活動ができてもできなくても、一緒の時間を過ごすことのほうが、その子にとっても、クラスのみんなにとっても大切なんだと気づかされました。「昨年来たよね！」「一緒に〇〇やったよね！」の積み重ねが、子ども達にとっては大切なんだと。学年が上がることを喜んだり、子ども同士の関係が築かれていたのです。それに気づいてからは、たとえほかの子と同じ時間で同じ活動はできなくても、同じ年齢のクラスに配属するようにしています。

(2) 並行保育日誌からみえる子どもの成長

行事に参加するそうたくん

　最後に、保育所の保育士達がつけた記録から、そうたくんとクラスメイトの成長をみてみたいと思います。そうたくんは、慢性肺疾患で軟骨無形成症*2 の子どもで、在宅酸素療法とたんの吸引が必要です。

　＜そうたくんの成長＞
・ほかの子との遊びに入りたいが、どうしたらよいかわからず、「入れて」と言うよう促すも、声が小さくなってなかなか気づいてもらえなかった。
・ほかの子と手をつなぎたがり、つなぐと安心な様子。
・手伝ってもらうことが多いが、「ありがとう」を忘れがち。また、ほかの子に「あれとって」など依頼する姿が多い。
・絵を描きたいと同行看護師に言うので、担任の先生に聞いてごらんと声か

WORD

*2　**軟骨無形成症**…骨の形成に必要な軟骨細胞の変異により、骨の成長が妨げられる病気。遺伝子変異が原因で起こる先天性の病気で、難病指定されている。外見的に、低身長だったり、顕著な四肢短縮、相対的に頭部が大きい、腰椎の湾曲が大きいといった特徴がある。痛みや呼吸障害など全身に多様な症状が起こることが多く、生活をしていくなかで発症する症状に対して対処療法を行う。

けすると、自ら聞きに行き、紙をもらっていた。

・園庭では周りを見渡し、同じクラスの子に自分から寄っていき、仲間に入れてもらっている。

・自分からほかの子に一緒に遊ぼうと声をかける場面あり。名前を覚えることが難しいようで、ふたりの名前は言えたが、違う子は違う名前で呼んでいた。

・大人を介さずにやりとりすることが増えている。

・自分から積極的にほかの子に声をかけて一緒に遊ぼうとするが、自分のやりたいことだけを主張するため、いつの間にかひとりになっている場面が多い。

・昼食前の準備など、何も言われなくてもひとりで行えており、見通しをもって行動できている。

・ほかの子の着脱や食事などの様子をみて急ごうとする。

・園庭ではほかの子のやっていることを見ながら、一生懸命同じようにやろうと手足を動かしていた。

・担任の先生の声や話に注目する場面が増えた。クラスで何かやるときも、担任の先生を探す様子がみられる。

・先生の話を聞いて、行動に移す、ほかの子と順番に並んで競技に参加するといったことは苦手な様子。

・園庭でボール投げをして遊んでいると、ほかのクラスの子に、「こんなに小さい子でもできるんだね」と言われ、「本当は鳩組なんだからできるに決まってる」と言い返す場面があった。

・誕生日を聞かれたり、「なんで小さいの？」など質問に答えられないことも多かったが、慣れるにつれて受け答えができるように。

＜クラスメイトの成長＞

・酸素ボンベのリュックを勝手に開けようとする子どもがいて、「中を見たいときは言ってね」「子どもは開けないんだよ」と声をかけた。

・「先生、そうたくん鼻水出てるよ。ティッシュで拭いたらいいと思うよ」と、ティッシュを持ってきて手伝う姿あり。

・リレーや玩具の扱いも、「そうたくんはできないよ」「そうたくんには無理だよ」という子もいた。最初からできないと言わないで、やってみてできないところがあったらお手伝いするのはどうかと声かけしている。

・クラスの子達は、園庭で砂まみれになっているそうたくんの砂を落として

あげたり、さりげなく気遣っている。

・クラスの子どもの受け止め方。手伝いすぎてしまう、同じ年とわかっていても年下扱いになってしまいがち。

5. 地域体制づくり

(1) 協議会の設立

医療的ケア児が地域で受け入れられるようになるには、受け入れ保育所とあきやまケアルームの二者間の関係だけではなく、地域という面を耕していく必要があります。秋山先生は当初から地域づくりを大事にし、積極的に働きかけていました。年3回、重症心身障害児地域生活支援協議会を開催して、三鷹市と武蔵野市の関係部署の担当者が出席しています。協議会では、並行保育を利用する子どもの情報共有や、両市の近況報告、ガイドラインの策定などが行われています。毎年報告書を作成して、受け入れ保育所や関係者に配布して、理解を促しています。また、5年に1回程度、図表2-3のような報告会を開催しています。報告会には、並行保育受け入れ保育所のスタッフ、当事者の医療的ケア児や保護者、地域の方々、厚生労働省やこども家庭庁の担当者、両市の市長、両市の担当部局長が参加しています。

(2) 地域の変化

並行保育を始めてから10年。ずいぶんと周りの意識と体制が変わってきました。スタートした当初は、並行保育の認識も異なる状態。理解されていなかったことから、保育所や行政側からは、あれもダメ、これもダメが多かったり、やたら「負担」という言葉が出てきていました。それでもあきやまケアルームとして一貫してお願いしてきたことは、「医療的ケア児でもみんなと同じように一緒に生活させてほしい」ということだけでした。

並行保育を始めてすぐに保育所側の意識が変わっていきました。「そんなに気負いしなくてもいいんだ」「医療的ケアが必要であっても同じ子どもだ」ということなど、一つひとつのケースを積み重ねるごとに、保育所にわかってもらえるようになったのです。また、あきやまケアルームから1名スタッフが付き添うことで、保育所のクラス自体の体制をあまり変更せずに受け入れられるということや、負担だけではなく、ほかの園児にとってもよい影響があることが、実感としてわかってもらえたのだと思います。

次に、三鷹市行政の意識も変わっていきました。2017年度にあきやまケアルームと「重症心身障害児生活支援事業に関する覚書」を締結し、公立保育所への並

●図表2-3　報告会チラシ

報告会開催のごあんない

ソーシャルインクルージョンの実践

重症心身障害児、医療的ケア児の並行保育から見えてきたもの

三鷹市・武蔵野市では、平成26年から重症心身障害児・医療的ケア児の並行保育に取り組んできました。保育・看護・生活支援などその多様な実践のレポートを通じて、インクルーシブ保育・教育の可能性を学ぶ報告会を開催します。皆様のご参加をお待ちしています。

主催/重症心身障害児生活支援協議会

プログラム

13時：開場　13時30分：開会

| 開会 | 武蔵野市子ども家庭部長 | 勝又　隆二 |

| 来賓あいさつ | 三 鷹 市 長 | 河村　　孝 |
| | 武 蔵 野 市 長 | 松下　玲子 |

一部　13時45分

基調講演

「これまでの並行保育と今後の展開」
重症心身障害児生活支援協議会会長　秋山千枝子

特別講演

「ソーシャルインクルージョンの動向」
こども家庭庁 支援局 障害児支援課長　栗原　正明

二部　14時40分

シンポジウム　　　統括コーディネーター　大石田久宗

（1）実践報告

協力施設：あきやまケアルーム・武蔵野市立境南保育園・三鷹市立中央保育園・三鷹市社会福祉事業団三鷹ちどりこども園・三鷹市立中原保育園

保護者代表　坂本　瑠美

（2）今後の展望

武蔵野市の医療的ケア児の保育 今後の展望
武蔵野市子ども家庭部長　勝又　隆二

武蔵野市の教育について
武蔵野市教育部長　藤本　賢吾

三鷹市の医療的ケア児の保育 今後の展望
三鷹市子ども政策部長　秋山　慎一

三鷹市の教育について
三鷹市教育委員会教育部調整担当部長　松永　　透

閉会　　三鷹市子ども政策部長　秋山　慎一

ソーシャルインクルージョン social inclusion
日本語では「社会的包摂」と言われ、障害を抱えている方々を社会から隔離・排除するのではなく、健康で文化的な生活の実現につなげるよう、社会の構成員として包み支え合う、という理念を表した言葉です。

入場無料
事前のお申し込みが必要です。裏面をご覧ください。

［日時］2023（令和5）年

7月1日土 13:30-16:00

［会場］**元気創造プラザ**
生涯学習センターホール
三鷹市新川6-37-1 三鷹中央防災公園・元気創造プラザ4F Tel.0422-49-2521

【問い合わせ先】重症心身障害児生活支援協議会事務局 Tel.0422-24-7462
吉澤（医療法人社団千実会　あきやまケアルーム）

会場までのアクセス
路線バス（小田急バス、京王バス）▶バス停「三鷹市役所前」または、「三鷹農協前」下車徒歩5分
みたかシティバス▶バス停「三鷹中央防災公園・元気創造プラザ（市役所東）」下車すぐ

行保育に協力的です。初めは並行保育で受け入れる子どもの医療的ケアに限定があったものの、現在ではどのような医療的ケアでも受け入れてもらえるようになりました。「医療的ケア児保育支援事業」を使って、医療的ケア児を受け入れている保育所に、医療的ケアができる看護師を配置したりする体制ができました。また、並行保育の知見を教育委員会にも共有し、学校や学童保育所での受け入れ

体制も整備されるようになりました。現在では、受け入れたあとの学校生活での課題を一つひとつ解決に向けて取り組んでいます。

　そしてまだ達成できていない課題としては、一人の子どもにかかわる部署が複数あり、部署間が分断されているため、現場間で連携がとれていないことです。つながらないと意味がない個別支援計画や、その計画を立てるケース会議に入れないこともあることで、情報の共有ができず、その子にあった見通しが適切に立てられないなど、実践上の課題も出ています。

（3）保育所への移行

　並行保育を経験したあとに、あきやまケアルームを退園して、三鷹市認可保育所に入園する子どもが毎年数名出てくるようになりました。胃ろうや、気管切開、酸素ボンベが必要な子どもです。これは大きな次の一歩です。並行保育で自信がついた医療的ケア児とその家族が、地域の保育所のみに通えるようになるわけです。地域の保育所には、三鷹市が委託した事業所の看護師が派遣され、医療的ケア児の医療的ケアはこの看護師が行っています。経管栄養のみだったり、常に張り付きで看護師がいる必要がない場合は、定時に看護師が保育所を訪問しています。このように、三鷹市の受け入れ体制整備は、この並行保育の取り組みを通してずいぶんと進展してきました。

6. 保護者の声

　ここで、報告会で発表された保護者の声を紹介します。

　うちの子は、経管栄養と人工呼吸器をつけていて、6年間あきやまに通いました。先輩が並行保育に参加するのを見てきたので、自分の子の番がくることを楽しみにしてきました。そして並行保育に参加させていただきました。

　並行保育ですぐに、自分の子が通常園児と一緒のペースでできないことがわかりました。例えば、園庭に行くまでにも、呼吸器回路の水を払う、姿勢ポジションを直すなど、ほかの園児が5分でできることに15分かかりました。逆に、電源の確保や駐車場の利用などの配慮があれば、活動に参加できることもわかりました。

　本人は保育園に行くことを楽しみにしていて、お友達がかくれんぼをしようと誘ってくれて、いろいろお手伝いもしてくれました。久しぶりに登園した際も、みんながこの子との付き合い方を覚えていてくれたことがすごくうれしかったです。また、この子がみんなと一緒に活動することに時間がかかってしまうことを、辛抱強く待ってくれていたことにも感動しました。

　この子は日頃、親、お医者さん、訪問看護師さん、ヘルパーさんなど大人とのかかわりがとても多い生活です。この並行保育の機会を得て、子どもの世界で過ごすことができました。今回、地域のなかで同時代を生きる子どもたちと一緒に過ごすことができたことは、親子にとって、今後この地域で暮らしていくためにも大切な体験でした。

7. 子ども達が生きていくための根っこをつくる

　今回インタビューを行い、あきやまケアルームとあきやま保育室のスタッフ達が、共通した想いと見通しをもっていることがよくわかりました。それは、秋山先生が大切にしている信念そのものでした。その信念を実現していくために、日々ケアルーム内や地域の保育所などとコミュニケーションをとりながら、調整しながら進めています。この調整や協働は、ソーシャルワークです。排除することなく一緒に育っていくためには、医療的ケアを行っていくための環境整備が必要です。看護師と児童指導員や保育士が、一人ひとりの子どものための支援や保育について話し合います。それを繰り返していくと、スタッフは福祉や看護、保育の視点を得るようになり、スキルアップにつながります。新しい学びは楽しいにつながり、子ども達への支援の質の向上へとつながります。

　医療的ケア児達とその保護者は、並行保育を通してエンパワメントされていきます。エンパワメントとは、その人が本来もっている力を取り戻していくことをいいます。「ほかの子と一緒に成長していける！」「地域で育っていける！」と、医療的ケア児ということで、地域から断られ続ける経験を通して、いつの間にかなくなってしまった自信が元の状態に戻っていくことができるのです。そして、あきやまケアルームを巣立って、地域の保育所に通うようになったり、小学校や特別支援学校につながっていきます。並行保育が、タテとヨコの移行支援のつなぎ役を果たしているのです。

　秋山先生は、厚生労働省社会保障審議会専門委員、日本小児科医会理事、東京都児童福祉審議会委員などの立場を通して、広く子どもに関する政策に携わってきています。このような立場で社会的責任を担ってきたからこそみえる景色があり、積極的に持続可能な地域づくりをしていく必要性から活動しています。「小児科医が開設しているから」「看護師が複数いるから」ということで、私達とは違うと思わないでください。確かに小児科医という特徴はありますが、この事例でたどってきたプロセスは、障害児支援関係者や保育所などが、地域というキャンバスのなかで、同じひとりの子どものために向きあって、コミュニケーション

をとって、保育や支援をしていくことです。その地道な一つひとつの積み重ねで地域が育ってきています。

　最後に、あきやま保育室の保育士の言葉が印象的だったので、紹介します。

　　私達は保育士です。保育士で、子どもに携わりたい人達ということはみんな根っこにあるんです。最初は、「医療的ケア」で尻込みしてしまったけど、同じ子どもで、どんどんかわいくなってきます。社会で子ども達がどうやって生きていくか。その根っこをつくっていくのが私達の仕事です。

4 島で生まれた子どもと家族が暮らし続けられる社会づくり

みやくるる
（沖縄県宮古島市）

園の概要

- 法人名：株式会社ビザライ
- 代表者：勝連聖史（代表取締役）
- チャイルドサポートみやこ（児童発達支援・放課後等デイサービス）利用者数：14名
- 企業主導型保育事業うららか保育園入園児数：60名
- 企業主導型保育事業うららか保育園BBY（0歳児）入園児数：12名

1. 法人と園の特色

　2013年10月に設立された株式会社ビザライは、宮古島や石垣島にて、就労継続支援A・B型事業所や居宅介護、重度訪問介護、同行援護、特定相談支援事業、子ども食堂等、さまざまな事業を展開しています。そのような株式会社ビザライが、医療的ケア児を含めた児童発達支援・放課後等デイサービス「チャイルドサポートみやこ」並びに企業主導型保育事業「うららか保育園・うららか保育園BBY」を展開しています。

　株式会社ビザライでは、経営ビジョンとして「いかなる環境の中においても、誰もが人間らしく、自分らしく夢や希望に満ち溢れた人生を送ることが出来る社会を創造する」ことを掲げています。また、「チャイルドサポートみやこ」では、基本方針を「日常的に医療的ケアを必要とするお子様お一人お一人が安心して過ごせ、保護者の皆様が自分の時間を確保してリフレッシュしたり、仕事に出られるようにお手伝いします。ご家族の心に寄り添い、ご家族と共に地域の中で育てていくことを理想としています」とし、乳幼児期から学童期にかけて、障害のある子どもや医療的ケアの必要な子どもを受け入れています。

　島という、社会資源が限られるなかで、誰も取り残すことなく、障害のある子

どもたちの就園から就労までを切れ目なくサポートし、子どもや家族のニーズに寄り添って事業を展開しているのです。

2. 小さな島に「新発想事業」の誕生

　宮古空港より車で 15 分。住宅が立ち並ぶ道路から入ると、車社会の島暮らしらしく、広々とした駐車場と共に、株式会社ビザライの優美な建物「みやくるる」があります。その建物は、いわゆる一般的な福祉事業を展開する施設というイメージには程遠く、施設全体にモダンさと温かさが融合していて、入ってみたいなと思えたり、何をするところなんだろうと期待に胸を膨らませたりすることのできる構造となっています。また、建物の周辺には、ハイビスカスをはじめとした南国の美しい植物が咲き誇り、まるで、「めんそ〜れ」と、楽し気に利用者や職員をお出迎えしてくれているように感じます。実は、この「みやくるる」は、多機能型福祉施設で、児童発達支援や放課後等デイサービスだけでなく、企業主導型保育事業、訪問看護ステーション、グループホームがあります。さらに、助産師が常駐して妊産婦などをサポートする地域の保健室もあり、医療・保育・福祉のさまざまな機能をもち備えています。

　障害あるなしにかかわらず、共に過ごす暮らしの場は、この小さな島である宮古島にとって「新発想事業」の誕生だったのです。代表取締役の勝連さんは、「現在もなお、目の前に生きている、困っている人達にまだまだ提供しなくてはなら

みやくるる建物正面

ない、提供し切れていない事業がたくさんあるのだ」と語り、職員と共に走り続けています。

3. 社会への違和感から新たなホスピタリティーの提供へ

では、なぜこの「新発想事業」が誕生したのでしょうか。勝連さんは、この事業を展開する前は、ホテル業や不動産業を営んでいました。元々、ホスピタリティーを提供することに憧れを抱いてホテルマンとなりましたが、現実は流れ作業が多かったことから、不動産業へ転向しました。不動産業では、一見、自らの憧れとはかけ離れているかと思っていましたが、予想に反してホスピタリティーの精神をもって提供できることがたくさんあると気づき、仕事に邁進して役員にまでなりました。

そんな充実した生活を送るなか、勝連さんの人生に大きな転機が訪れたのです。それが、仕事の関係で訪問した特別支援学校での、障害のある子ども達との出会いでした。障害のある子ども達とはほぼ初めての出会いであり、大きなショックを受けました。右を見ても、左を見ても、みんな障害児で、こんなにもたくさん世の中にはいるのだと。その瞬間に感じたことを勝連さんは次のように語りました。

> 素直に思ったのは、自分の子どもは健常児でよかったという正直な思い。そして、すぐにそう思った瞬間に浮かんだのは、この子たちの親は死ぬときに死にきれないんじゃないか、ただ、死ぬ瞬間まで残した子どもをどうするんだろうと思うんだろうとか、残ったきょうだいたちも、どんな思いでこの子どもを引き取るのかなとか思ったときに、なんていうんですかね、なんかもう、すごく説明難しいんですけど、おそらく憤りに似たような感情だと思うんですね。「なんかおかしくないかな、この社会」みたいな。制度も何も知らないですよ、私。それでも、じゃあ今度、その障害に関する仕事をやってみよう、飛び込んでみようってなったんです。

勝連さんのこの様子から、理屈ではなく、自分の思いそのもので動き出したことが伝わってきます。福祉分野の専門領域から入っていない勝連さんの頭には、当事者である障害児とその家族の支援ではなく、ただ助けたい、そして、学生のときから一番にやりたかった仕事であるホスピタリティーの提供を、この事業で実現しようという人生目標が確立していったのです。

4. 株式会社という設立方法の選択

　勝連さんがこの人生目標を見出し、事業展開を試みようとしたときに、どうして社会福祉法人やNPO法人等ではなく、株式会社での設立であったのか。それは、株式会社にしか勤めたことがなかったから、まずは株式会社を立ち上げて始めようという単純なものでした。しかしながら、この単純な発想からスタートした勝連さんには、反対に社会福祉法人やNPO法人等であることのメリットとは何だろうという疑問があることを次のように語りました。

　　訪問される皆さんがおっしゃいます、なぜ、株式会社なんですかと。逆に、私は社会福祉法人とかNPO法人のメリットって何ですかって思ってしまっているんです。全部知った今でもそう思っているんです。ただ税金が、それだけですよね。別枠の補助金とか、そういうメニューがちょっと増えるだけなので。両方メリット、デメリットあると思うんです。一応NPO法人も1つもってますし、一般社団法人も別にもっていたりするんですけど、なんせ動きが遅くなってしまうんです。制度上、仕方がないことですが、理事会開いて、総会で決議して。目の前の困ってる人を今すぐに助けたいのに、なんでこんな手続き踏むねんって思ってしまう。ある程度、発展性があることとか、広げていきたいこととか、もうある程度固まった組織であれば、NPO法人とか一般社団法人もやってもいいかなと思うんですけど、どんどんいろんなサービスを展開している段階では、逆に制度があることで足かせになるときもあるなと思っています。思ったことをすぐ実行、明日実行っていうのはできないから。私たちのほうで今、子ども食堂を7年ぐらいやってるんですけど、あれもやろうと思い立って、2週間後にはオープンしたんですね。ですけど、それをNPO法人でやろうと思ったら、下手したら1年待ちですよね。けど、どうでしょう、1年間困ってる人を眺めていられるかって話ですよね。

　すぐにでも始めようという気持ちから、株式会社からスタートしましたが、現在では、株式会社だからこそのメリットを見出していました。だからといって、市や国との連携が全くないわけではありません。常に、企業内で世の中にはない事業を発案し、国や市へプレゼンテーションして、補助金を得て展開していることもあります。制度として補助金が出るものを選択するのではなく、新たなものを生み出すために要綱をつくり、実施して記録を取り、エビデンスをもって先駆

的な事業展開として報告していくという一連の流れのなかで、機能的かつ生産的な事業展開を目指してきた9年間でした。

5. 立ちはだかる逆境との闘い

　しかしながら、医療的ケア児を含めた重症心身障害児のデイサービス事業開始時の2013年は、当時の宮古島に生まれた医療的ケア児3名からのスタートでした。その理由は、それ以前に生まれた医療的ケア児とその家族は、島内では育てられる環境がなく、医療や施設が充実した沖縄本島などで暮らしていくために引っ越しを余儀なくされていたからなのです。その結果、事業スタート時の3年間は、毎年のように1000～2000万円の赤字を抱え、子ども達の写真を持参しながら、懸命に銀行へ行って融資をお願いしていました。まさに、3か月ごとの運営経費と資金繰りとの闘い。必死になってがんばりぬいた時期でした。すると、段々ではありましたが、島全体に重症心身障害児を支える場所としてチャイルドサポートみやこがあることが浸透していきました。2023年現在、登録者は14名となり、宮古島の重症心身障害児のほぼ全員がここを利用しています。また、株式会社ビザライでは、2022年より、宮古島とほぼ同人口である石垣島においても同じ事業を展開していますが、2023年現在、島内の7名の重症心身障害児（医療的ケア児が2名）のうちの4名が登録しています。現在は、やはり月間200万円ほどの赤字となっています。

　宮古島と同様に、石垣島ではこれまで重症心身障害児に対応できる施設はありませんでした。再び、赤字スタート覚悟となるこの挑戦に、勝連さんは次のように語りました。

> 　人口が同じくらいの島同士を比較して、約倍となる人数の重症心身障害児が宮古島で暮らしていると考えると、この9年間引っ越しをしなかったということなんですよね、きっと。

　そのように語る勝連さんのうれしそうな表情には、自らが愛する宮古島の住民の生活変化に喜びを感じながら、さらなる苦境が訪れるなかでも、石垣島への挑戦に向けたエネルギーとなっている様子がうかがえました。

6. 人と人が交流しあうインクルーシブな生活づくり

　重症心身障害児の受け皿となる事業が展開していくなかで、勝連さんの構想にあったのが、障害のあるなしにかかわらず、子ども達が交流できるインクルーシ

中庭で遊ぶ子ども達

ブな生活でした。そこで、2019年に誕生したのが「みやくるる」という多機能型福祉施設だったのです。「みやくるる」は、下の写真のとおり、中庭を中心とした回廊型の建物の構造となっています。医療的ケア児を含めた児童発達支援・放課後等デイサービス「チャイルドサポートみやこ」を利用する子ども達、並びに企業主導型保育事業「うららか保育園」を利用する子ども達を中心に、互いが日常的にいつでもどこでも行き来し、交流する場を生み出すことを目的としました。中庭で遊んでいる子ども達の姿を見ると、どの子どもに障害があるのかないのか、そのことがわからなくなるほど、交じりあって遊んでいます。

　しかしながら、勝連さんは、自らが目指しているインクルーシブな子ども達の交流には至っていないと考えており、職員と共にそのことを話し合い、あらゆる変化を求め続けています。開設当時、そもそも宮古島の多くの保育現場では、子ども達が集団で一斉に生活を営んでいました。それらの保育現場で経験をもつ保育者は、集団の保育の流れのなかに医療的ケア児を含めた重症心身障害児との交流のある生活を想定していくことが難しかったのです。障害のある子ども達に何かあったらどうしよう、どうしたらよいのか。デイサービスや児童発達支援の専門職である職員がいてもその不安は大きいものでした。交流する場を生み出して

みやくるる（建物上から）

も、人の意識が変わらなくては、インクルーシブな生活は成り立たない。勝連さんが予想もしなかった障壁がそんなところに現れてきたのです。そこで、その障壁を払拭するための一つの手段となったのが、事業間で相互異動をして互いの子ども達への理解を深めていこうというものでした。

7. 特別なことをやらなくてはという固定概念が くるっと変わる

　2019年の「みやくるる」開設時から働いている保育士のユミ子さんは、1年目は保育園で働いていましたが、2年目よりチャイルドサポートみやこへ異動しました。前職は宮古島市内の保育園に勤めていたユミ子さんでしたが、健常な子どもと障害のある子どもがかかわれる施設っておもしろいかもしれないという興味・関心から転職することにしました。異動の話が出たときには、自分が担当できるのかどうかという不安がありましたが、勝連さんの「普通の保育をやればいいんだよ。とくに障害をもってるから、ちゃんと何か別の保育をやらなくちゃいけないという考えはなくてもよくて、今までやってきた保育をここでやったらいいから」という言葉がきっかけとなって、それでいいんだと、やってみようという気持ちになりました。

　実際に仕事を始めてみると、今までもっていた、何か特別なことをやらなくてはならないという固定概念は、180度覆されることとなりました。どちらかというと、障害児への保育というよりも、保育そのものの考え方が変わっていったのです。それまでのユミ子さんは、常に年齢に応じた成長を支えることを考えて、この年齢だからハサミを使える、使えないなどのように、できる、できないの判断基準をもって保育をしていました。しかし、チャイルドサポートみやこにいると、「なんでできないの？」という子どもへの問いがなくなったことで、いらいらなどの保育中の葛藤がなくなりました。保育園にも発達支援が必要な子ども達がいます。できる、できないの判断基準がなくなったことによって、子どもそのものの考え方、とらえ方も変わり、個別的な子どもの方向性を見出せるようになりました。

　業務においては、医療的ケア児の個別メモをしっかりと記入しながら、スタッフの連携を図っています。具体的には、1日のスタッフのスケジュールと個別の子どものスケジュールがどちらも記入されているのです。例えば、看護師は基本的に注入をするのですが、現場で駆け回って忙しくしているときもあるので、個別メモに記入されていれば、「あっ、この子はこの時間に注入だね」とわかり、注入内容に関してはすべてのスタッフの頭に入っているので、注入したり、注入

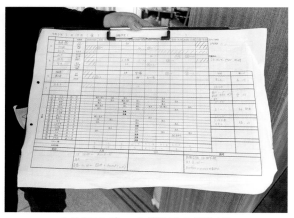
1日のスケジュールが記された個別メモ

前の準備の手伝いをしたりと、連携をとりながら仕事に取り組んでいます。

普段の保育園との交流については、基本的には「今、入っていいかな？」と保育中の活動に入ったり、中庭で一緒に遊んだり、ホールで身体を動かしているから1人、2人と連れて一緒にやってみたり、ときには保育園から「これなら参加できそうじゃない？おいでよ」という言葉かけから始まるなど、自由なやりとりのなかで自然と活動の場が生み出されています。そのような活動時間が子ども同士の楽しみとなっていて、特別に配慮することは互いにない生活を送っています。ユミ子さんが転職を望んだ一番の目的が日常生活で実現されており、今、目の前にいる子ども達の姿が自らの喜びとなっています。

そのような日常的な交流が実現していくなかで、子ども達はどのように育ちあっているのでしょうか。また、保育士はどのようにかかわり、援助しているのでしょうか。お話を聞いたうららか保育園副園長の小川さんは、開園当初から働き始めて4年目。入職当初は主任として、保育園での運営を任されていました。しかし、宮古島では、このような形態の施設は初めてであったと同時に、保育士全般が医療的ケア児を含めた重症心身障害児と触れ合ったことがないに等しいものでした。どういうふうに接したらよいのか、どのように交流をしたらよいのか、最初は試行錯誤しながらのスタートでした。医療という自分たちの専門とは異なる未知の領域に不安を抱えている状況だったのです。

一方、子ども達は、最初から躊躇なく交流しあう様子があり、気構えもなく、遊んでいるうちに楽しんだり、おもしろがったりしていました。医療器具については、大人が教えることもありますが、大抵は年長の子どもが年少の子どもに「チューブ抜いちゃダメだよ」「これは触っちゃダメだよ」というように遊びのなかで教えていたりして、子ども達にとっては、自然と生活するなかで教えあうことが広がっていきました。保育士達もそんな子ども達の姿から学び、状況を感じ取りながら、随時、お店屋さんごっこ遊びの展開等、遊びの場面ごとの援助を提供していくようになりました。だから、現在ではこの「みやくるる」の建物の構造上の影響もありますが、どこかで必ず互いの施設の友達と出会うこともあって、

自然とそれぞれのお部屋で遊んだり、一緒に車椅子を押してあげたりして、いつでも交流する機会を子ども同士が望むようになっています。

　また、年間の行事も、コロナ禍以外は常に交流することを目指してきました。例えば、お泊まり保育の場合、医療的ケア児を含めた重症心身障害児の子どものうち、希望がある子どもに関しては、延長保育の形式をとって、夜のお風呂のサービスと花火をしてから20時くらいに帰宅することにしました。このようなお泊まり保育の事前準備としては、保育園の子ども達が、お泊まり保育ではどのようなことをやりたいのかを話し合うこともありました。フォトフレーム製作をやりたいということになったときには、お泊まり保育では重症心身障害児の子ども達とは時間をかけてじっくりできないため、事前活動という名目で、保育園の子ども達がデイサービスの子ども達のクラスに出向いて行いました。保育士達は、どの子どもも楽しめるように当日のプログラムを話し合い、1〜10までの詳細な行程を考えて実施しました。プログラム完成までには3か月くらいかかりましたが、互いの意見を出しあいながら、よいプログラムづくりを目指すことができました。さらに、お泊まり保育の行事活動は、利用者である家庭にも大きな影響を与え、次のような保護者からの声が職員たちへ届けられました。

> 「普段はなかなか家族で外食なんかできないけれど、ゆっくりと時間をとって楽しむことができました」
> 「親として普段はなかなか甘えさせることのできないほかのきょうだいに対して、じっくりと時間をとることができました」

　このような、ほかの家庭では当たり前のようにできることを、ちょっとした時間で実現できたことは、家族にとって大きな喜びでした。そのような日々の子ども達の様子や保護者の様子は、職員間の毎日の朝礼時に共有されています。その名は「ワオストーリー」。ここで、小川さんが語った一つの「ワオストーリー」を紹介します。

エピソード

「ワオストーリー」

　お泊まり保育で仲よくなった子ども達。その後、以前にも増して、保育園の子どももデイサービスの子どもも一緒になって遊ぶ姿がみられました。そのよ

うな日々一緒という生活を共に過ごした子ども達の卒園式。式の最中も、卒園児達が車椅子の子どものサポートをするためにさっと駆け寄っていきます。そんな抵抗感もなく誰もが駆け寄っていく何気ない姿に、大人達は、子ども一人ひとりの成長を感じて胸が熱くなりました。

　普段はリーダー風を吹かせて、同じクラスの友達とけんかをすることが多い子どもでも、重症心身障害のある子どもや年少の子どもと触れ合うときには、率先してお手伝いしたり、守ってくれたり、優しく言葉をかけてくれたりなど、子どもたちの多様な面を垣間見ることができます。

8. 緊急時のマニュアル作成で目指す命の保障

　この４年間の流れのなかで、子ども達の姿や職員間の協働を通して、保育士達の意識や行動も大きな変化を遂げてきましたが、未だ医療面での不安は払拭しきれていない現状です。遊びに関しては、保育士だけではなく、さまざまな職員の意見やアドバイスをふまえながら、発展的に取り組むようになりました。しかしながら、体調不良など、命に関わる部分に対しては、看護師のようにはすぐに気づくことができない、自信がないなどの不安が常にあるというところが難しい課題となっているのです。それは、もしかすると、医療的ケア児の保育を始めるうえで、どの現場でも抱える共通の課題といえるかもしれません。

　勝連さんは、このような不安を抱える職員達に次のようなことを伝えています。

緊急マニュアル

それは「絶対に現場で粘るな」ということ。これまでにも緊急搬送が３回ほどありましたが、これだけ看護師がいても、何かあったら救急車を呼んで対処することをモットーとしています。また、消防署とも日頃から連携をとっていて、消防署に救急要請をかけて、子どもの情報を消防署に流したら、消防署から主治医に伝わって、主治医がカルテを手に持って待っているという連携があることをみんなで共通理解しているのです。このことによって、職員全体のプレッシャーを少しでもなくすようにしています。そして急変が起こったときの緊急マ

ニュアルを、常に環境のなかで目にするところに貼っていますし、子ども一人ひとりの緊急時のマニュアルも作成しています。その日頃の対策こそが、子どもの命を守ることや、職員のプレッシャーの軽減につながっています。

9. 子どもと保護者のポテンシャルへの信頼

　チャイルドサポートみやこでは、前述したとおり、医療的ケア児を含めた重症心身障害児が 14 名登録しています（2023 年現在）。その子ども達のなかには、産まれた直後に主治医から、座位も難しく寝たきりの生活であろうと予想された先天性難病で右半身麻痺のけいくんがいました。麻痺があるので、緊張を和らげるために、注射でボトックスの薬を打ち続けるか、腱を切る手術をするかと提案されていましたが、職員である理学療法士が、スパイダーというアメリカ製機器を使用してリハビリテーションをしようと考えました。痛いと感じることはやら

せたくないので、持ち手をちょっと太くしたり、腰をロープで吊ったり、落ちないようにして屈伸運動ができるように工夫しました。すると、けいくんは「楽しい！」と、生まれて初めての体験に大喜びだったのです。自分の体重を脚で支えるという感動もあったのかもしれません。すると、体幹のトレーニングでも専用の車を板に乗せて綱引きをしたり、いろいろな遊びを取り入れたりして、楽しみながら徹底的に取り組んでいきました。すると、けいくんは座位どころか、結果的には走れるようにもなりました。

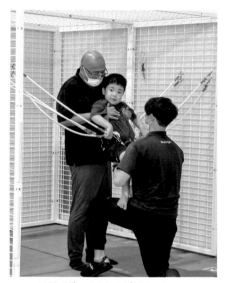

スパイダーでのリハビリテーション

　実は、これまで「みやくるる」の施設内では、このような子ども自身のポテンシャルが最大限発揮されたケースが数多くありました。それは、いったいなぜなのでしょうか。やはり、その背景には、この「みやくるる」には障害のあるなしにかかわらず、さまざまな子ども達の交流場所があることが一つの要因だろうと考えられます。例えば、ある日、産まれたときに自力歩行は不可能とされていためいちゃんが、歩行器を使って歩行練習をしていたときのことです。チャイルドサポートみやこのフロアからのスタートで、このフロアの途中からは段々と歩きたくなくなってくるのですが、保育園の子どもも遊んでいるフロアに差しかかってくると、年下の子ども達が見ているので、すごく見栄を張って歩き始めるので

す。それを何回か繰り返すうちに、自力歩行できるようになりました。これには、産後直後に担当していた主治医も驚き、当時在住していたロンドンから駆けつけて、その姿を見て、泣いて帰るほど感動していました。めいちゃん自身が、人に歩かされているのではなく、みんなの前でしっかりと歩きたいという意欲があること。「みやくるる」では、普段のリハビリテーションでもそのような意欲を生み出すように、試行錯誤を繰り返しているのです。また、あるときには、水遊びが好きな子どもがいれば、遠いところの水道の水をジャージャー音を立てて出しておき、あの水で遊ぶためにあちらこちらの壁を伝って歩き、なんとかたどり着きたいと思えるような環境をつくり出す。そんな日常的な子どもの意欲を生み出して、成長へとつなげるように心がけています。

　また、医療的ケア児を含めた重症心身障害児の保護者は、みんな愛情深く子どもと共に向きあっています。しかしながら、9年前に事業をスタートした最初のうち、保護者は「こんなことも頼んでいいのですか？」と、サービスを受けることに対して遠慮深く、ニーズを引き出していくことが難しいものがありました。今では、どの保護者も、子どもだけでなく家庭を包括したサービスを受けることに喜びを感じることができるようになり、やっと当たり前のように自らの生活を構築することへのゆとりが出てくるようにもなってきています。例えば、保護者の一人はシングルマザーで、チャイルドサポートみやこを利用している子どもも含め3人の子育てをしていました。子どもを預ける場所ができたことによって、まず、ヘルパー二級の資格を取得しました。その後、介護福祉士の資格も取得し、現在では、居宅介護事業所と児童デイサービス事業所を立ち上げて運営しています。

　このような子どもや保護者の姿は、もともともち備えているポテンシャルから発揮された結果だと勝連さんは語りましたが、そのポテンシャルが最大限に引き出されたのは、一人ひとりの意欲をくみ取り、その力が発揮されると信じている環境があったからこその結果といえるでしょう。

10.「今すぐの助け」を実現する企業として

　最後に、勝連さんは、医療的ケア児の一生と自らの仕事について、次のように語っていました。

　医療的ケア児の一生って予測不能なんですよね。今日まで元気に生きていたのが、明日突然っていうこともあり得るじゃないですか。そう思うと、僕らの物差しでその人生を測っちゃいけないんだと思ってるんです。逆に、彼

らの物差しで僕らが動かないといけないと思うと、すぐにやらないといけない。半年、一年、待ってはいられない。今すぐなんですね。それをやらないと自分自身が後悔してしまうんです。きれいごとではなくて、自分自身が後悔したくないんですよね。やってあげたいこと、やらなきゃいけないことを先延ばしにして、そこで何かあったときに自分の後悔になってしまうと思うんです。

　目の前で生きる子どもが望んでいることに、どれだけの助けができるのだろうか。もし、瞬時にその場でそのことを実現できたならば、その子どもの貴重な体験や思い出が積み重ねられることにつながることでしょう。人間には、人それぞれが人生の質を高める権利があります。医療的ケア児の場合、どんな小さな喜びでも、自らのやりたいことの実現の回数が数多く重ねられたとするならば、人生の質が高められることにつながるでしょう。実際に「みやくるる」の子ども達は、すべての施設において自分らしさのある生活を営んでいる生き生きとした姿がありました。一連のインタビューの内容から、勝連さんと株式会社ビザライの職員が行う「今すぐの助け」というものこそが、その人なりの自己実現を生み出す最高のホスピタリティーの提供となっているのではないでしょうか。

放課後等デイサービスを利用しているおしゃれなななみさん

人生を豊かにするために寄り添う

株式会社ビザライ　代表取締役　**勝連聖史**

　この取材をきっかけに、改めて医療的ケア児は幸せなのかなと考えてみました。私達が事業を開始した10年前に比べ、制度が広がり医療的ケア児が地域で生きていくだけの環境は整ってきたと思います。ですが、生きることに焦点を当てすぎた結果、生活に寄り添うことが置き去りにされてきたのではないか？　彼らは子どもらしく生きることができているのか？　と考えるようになりました。

　今の世の中は、本人の意思が大事と言っておきながら、まだまだ本人ではなく、私達福祉の側の都合で動いていることが多いと感じます。

　今やっていることが「誰のため？」「何のため？」をしっかり考えると、多くの方の思っているインクルーシブや理想の世界も、より当事者に寄り添ったものになると思います。

　日本中で支援が広がっている今、従来の「地域で生きるため」から「人生を豊かにするために寄り添う」に、私達福祉の人間は思考を変える時期が来ていると思います。

　医療的ケアがあってもなくても、誰もが自分らしく楽しい人生を歩めるように、みんなでほんのちょっとお節介（節度のある介入）をしてみませんか。

　私の今度のチャレンジは、医療的ケアがあっても誰もが旅行できる環境をつくってみたいと思います。

「当たり前」の存在として

保育士　**砂川梨恵**
（宮古島市出身で障害児の母でもある）

　「みやくるる」には、「うららか保育園」と、医療的ケア児や重度心身障害児・者の通所施設「チャイルドサポートみやこ」が併設されています。晴れた日には、建物の中心にある中庭で、保育園児やチャイルドサポートみやこの利用児が、同

じ空間でさまざまな遊びを通し、かかわりをもつ様子がみられます。

　次年度の小学 1 年生の児童を対象として行われる「お泊まり保育」には、毎年、うららか保育園児と児童発達支援「チャイルドサポートみやこ」の利用児童のみ参加していましたが、昨年、対象となる医療的ケア児 2 名が事業所として初参加、「お泊まり保育」の日程に組まれていた社会見学や保育園児との共同製作活動を行い、夕食は皆と同じメニューをミキサー食にして注入しました。医療ケアが中心の日常生活が、この日は「友達との遊び」が中心の生活となりました。最初は緊張した面持ちで職員と一緒にケアのある児童とのかかわりをもっていた子ども達が、この日をきっかけに大きく変化がみられ、職員の付き添いがなくても部屋に訪ねて来るようになりました。今後 20、30 年先を考えたとき、今「みやくるる」に通っている保育園児が、「みやくるる」でつちかった経験を活かし、地域に住む障害のある人の理解者となってくれるよう、今後も、保育園児とチャイルドサポートみやこの利用児との交流を継続していきたいと考えています。このことによって、ケアが中心となり行動範囲が狭くなりがちな生活のなかでも、近場への散歩や地域の行事に参加するなど、地域の一員として、「特別」ではなく「当たり前」の存在として生活できるようサポートしていきたいです。

宮古島で生まれ育つ、そして楽しむ権利の保障

看護師　**半場奈美子**

　「みやくるる」には医療的ケア児が通える場所があり、地域との交流の機会が増えています。

　本人からは「通える所があってうれしい！」、家族からは「預かってもらえる場所があってありがたい」という感想をいただくことが多いです。でも、その感想をいただくたびに、とてもうれしい反面、違和感が残ります。

　特別な配慮がいるから、何かをあきらめないといけないとか、我慢しないといけないとか、そんな社会の構造が違うのだと思います。障害があってもなくても、同じ選択ができるような社会をつくらないといけないなと感じるようになりました。

　最終的には施設の必要性さえなくなり、誰もが好きな場所で好きなように人生を楽しめることができたらいいなと思っています。

そのためにも、スペシャルニーズのある子どもが、生まれたときからたくさんの選択肢がある社会を目指していきます。

さまざまな経験ができる社会へ

作業療法士　**濱田翔悟**

　私は、誰もがもっとありのままの自分を楽しめ、ワクワクできる社会を目指したいと思っています。当園に通っている利用児とそのご家族の話になりますが、「障害のある子どもを人から見られたくない」「学校なんてこの子が行く意味はない」と考えていたご家族がいました。そんなご家族に何かできたらと考え、まずはお母さんやお父さんに寄り添うところから始めました。しだいにお母さんやお父さんの心の内を打ち明けてくれるようになり、子どもとどう接したらいいのか、本当はこんなことを子どもと一緒にやりたい、などの声が聞けるようになりました。その想いを実現しようと、ご家族を誘い、一緒に海水浴をしに近くの海に行きました。初めて聞くその子の笑い声だったり、明らかにいつもと違うテンションや身体の動かし方をしたりと、私達にとって特別な瞬間でした。この活動をきっかけに、ご家族でもイベントに参加したり、助けが必要なときは声をかけてくれるようになりました。これからも、子ども達やご家族に寄り添い、みんなでさまざまな経験ができる社会を目指したいと思います。

3 章

みんなで一緒は当たり前

〜青森県の取り組みから学ぶ〜

本章では、県をあげての医療的ケア児支援を進めてきた青森県の取り組みを紹介します。2023 年 3 月に青森県健康福祉部障害福祉課とこどもみらい課、青森県小児在宅支援センター、医療的ケア児等圏域アドバイザーにお話を聞きました。医療的ケア児支援の取り組み内容は膨大なのですが、ここではとくに保育に関することを中心にとりまとめて紹介します。

1 青森県における医療的ケア児の保育に向けての取り組み
〜キーパーソンへの取材から〜

1. 青森県健康福祉部
障害福祉課・こどもみらい課

● インタビューをした方
　障害福祉課・総括主幹：簗田陽子さん、主幹：岩谷玲子さん
　こどもみらい課・主事：白戸香穂さん

（1）医療的ケア児支援体制の始まり

　その先進的な各種の取り組みにより、今回のインタビュー調査への協力をお願いした青森県でしたが、担当者の簗田さん、岩谷さんによると、最初は後進県として出発したそうです。2018年に県を視察に訪れた専門家から医療的ケア児支援の遅れを指摘され、急遽、医療機関や訪問看護ステーション、学校等関係機関対象の実態調査をして、それまではなかなかあがってきていなかったニーズが明らかになりました。また、同じ頃に青森県立中央病院医師の網塚先生（現小児在宅支援センター長）が、それまでNICUの担当医師でしたが、NICUを出た子ども達のその後の支援についての問題提起を行ったということもあり、県をあげて大きく動き始めました。

　もちろん、県のなかでの地域性の違いも大きく、園の考え方もそれぞれであるため、それまで医療的ケア児の保育が全く実践されてこなかったということではありません。地域や園によっては、ごく当たり前のものとして受け入れ、実践してきた経緯もありました（図表3-1参照）。

　医療的ケア児支援についてのシステム構築のために、障害福祉課が事務局となり、まずは医療的ケア児支援について協議する場の設置を行いました。県全体では、年に2回程度開催する「青森県自立支援協議会医療的ケア児支援体制検討部会」です。これには当事者団体や医療、保健、障害福祉、保育、教育等関係団体のほか、県の各部署（こどもみらい課（保育担当および母子保健担当）、障害福祉課、医療薬務課（看護師確保担当および小児医療体制担当）、教育庁学校教育課）が参加します。これは県の施策の方向性や支援体制を協議する会議であり、

●図表 3-1　青森県における医療的ケア児支援取り組みの経過

項目	施策	平成30年度	令和元年度	令和2年度	令和3年度	令和4年度
支援体制整備	医療的ケア児の協議の場 設置・運営	2圏域の「協議の場」設置（津軽、八戸）	協議の場として「青森県自立支援協議会医療的ケア児支援体制検討部会」を設置し、協議検討　4圏域の「協議の場」設置支援	6圏域自立支援協議会医療的ケア児支援体制検討部会　6圏域での各圏域構成市町村による「協議の場」の運営は5圏域で協議の場を設置		協議検討（県はアドバイザーとして参画）※現在
	医療・保健・福祉・保育・教育多職種連携による支援・スーパーバイズ			多職種コンサルテーションモデル事業（相談支援・実地指導・SV・研修等）		小児在宅支援センター運営事業（在宅医療支援、支援機関連携支援）
	訪問看護ステーションネットワーク促進					在宅医療対応看護師確保・育成事業
	圏域アドバイザー配置・育成・連携強化					圏域アドバイザー配置育成事業
事業者支援等	短期入所等看護職員確保促進		医療的ケア児保育支援モデル事業／医療的ケア児保育所等受入促進事業			短期入所施設開設促進事業
	事業所等新規開設促進					在宅医対応看護師確保・育成事業
	保育所等受入促進		特別支援学校等及び小・中学校における看護職員の確保			医療的ケア児・保育等新規事業／医療的ケア児保育所等受入啓発事業
人材育成	特別支援学校等看護職員の確保			医療的ケア児等支援者・コーディネーター養成研修		
	支援者・コーディネーターの育成					小児在宅支援センター運営事業（人材育成：コーディネーターフォローアップ研修会）
	コーディネーターのフォローアップ			多職種コンサルテーションチームによるフォローアップ研修		
	様々な分野の在宅支援看護師の育成					在宅医療対応看護師確保・育成事業
	圏域アドバイザー配置育成研修					圏域アドバイザー配置育成事業
	看護職員と保育士合同研修			看護職員と保育士の合同研修		
	各職種別スキルアップ研修					小児在宅支援センター運営事業（人材育成：小児在宅医療に関する各種対象研修）
	多職種連携勉強会			多職種コンサルテーションチームによる小児在宅サポーターweb勉強会		小児在宅支援センター運営事業（人材育成：小児在宅医療サポーターweb勉強会）
家族支援・普及啓発	家族交流会・シンポジウム	青森	弘前・八戸　シンポジウム	家族交流会　新型コロナウイルス感染症防止のため中止	新型コロナウイルス感染症防止のため中止	当事者の会が独自で家族交流会を開催　6圏域での実施を促す
	医療的ケア児とその家族の相談支援		情報冊子作成	災害時個別避難計画の様式を作成　在宅移行支援マニュアルの作成	在宅移行支援マニュアルの作成	小児在宅支援センター運営事業（医療的ケア児とその家族の相談支援等）
	サービス制度・社会資源・情報提供					小児在宅支援センター運営事業（医療的ケア児等情報提供・情報発信（TV・県広報誌発信））
	現状把握・分析	医療的ケア児実態調査	医療的ケア児等実態調査／事業所等受入調査	医療的ケア児等実態調査	事業所等受入調査	小児在宅支援センター運営事業（医療的ケア児実態調査、事業所等受入調査、家族に関するアンケート実施）

この傘下に庁内ワーキング会議があります。そして、圏域ごとの「協議の場」の設置です。これは地域の状況に照らして、2018年度は2圏域、2019年度は4圏域、2022年度は5圏域、最終的には6圏域すべてにおける協議の場の設置を目指しています。

2019年度からは、県として「医療的ケア児保育支援モデル事業」と「医療的ケア児保育所等受入促進事業」を始めました。前者は、医療的ケア児の受け入れを行う園のある自治体への補助金支給、後者は、受け入れ事業所のスタッフ向けに技術講習を行ったり、医療的ケア児の家族やその受け入れを行っている園等のパネルディスカッションやフォーラムを企画し、その人達の声を関係者に届けたりしながら、各事業所が受け入れに関して前向きに進めるよう支援する事業です。

2019年度の終わりには、県障害福祉課が教育庁と協力して、27ページにわたる「医療的ケア児支援ハンドブック」を作成しました。これは、医療的ケア児を育てる家族とその関係者・機関にとって、県内にどのような制度、サービスがあって、どのように活用したらよいのか、相談窓口はどこかが一目でわかるようにしたものです。

また、2022年度からは、看護師の確保および育成事業も始めました。どこの自治体および事業所でも課題にあがってくる看護師の確保に関して、県のナースセンターにおいて、医療的ケア児の支援にかかわる人材に向けてのキャリア支援を行ったり、県看護協会と連携して医療的ケア児支援にかかる各種の研修を行ったりしているほか、2022年度の終わりには「看護の魅力」というパンフレットを作成しました。これは、訪問看護や医療的ケア児の支援を行っている看護師の実際の働き方の紹介や、その人達の声を集めたものです（図表3-2）。こうした連携を通して、県内の各自治体や事業所等は、看護師を確保したいときに県のナースセンターに相談できるしくみになっています。

（2）多職種コンサルテーションチームの活動

青森県の取り組みとして、独自かつ特筆すべきものの一つが、この多職種コンサルテーションチームモデル事業です。これは、前述の網塚先生、同じく青森県立中央病院医師の大瀧先生、八戸市民病院（当時）看

●図表3-2　「看護の魅力」

護師の奥寺さんがコアメンバーとなって、不安のある受け入れ事業所の相談にのり、必要な関係機関や主治医等とも連携をとり、実際に現場に必要な回数訪問し、各種の技術指導やアドバイス、主治医とのつなぎ等課題解決を行う事業で、2020年度より開始されました（図表3-3）。発想として、受け入れ側の不安を軽減し、サポートすることで、医療的ケア児の受け入れを促進するというねらいがあります。そのほか、小児の在宅支援にかかわる関係者を対象にした「小児在宅サポーター勉強会」を定期的に行い、支援者の育成のほか、支援者同士の顔の見える連携づくりを目的とした活動も行いました。その後、2022年6月には小児在宅支援センターが開設され、同年12月には圏域アドバイザー制度も開始されたため、コンサルテーションチームの仕事はその2つに引き継がれていきました。

●図表 3-3　多職種コンサルテーションチーム

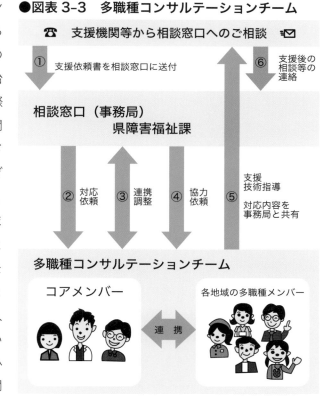

2. 小児在宅支援センター

●インタビューをした方
網塚貴介医師、大谷直美看護師

（1）網塚先生が医療的ケア児支援のリーダーになったきっかけ

　前述したように、小児在宅支援センター長の網塚先生は、もともと青森県立中央病院のNICUの担当医師でした。2016年頃、NICUを出て在宅になった子ども達の支援についてフォローの必要を感じていたときに、ちょうど専門家の指摘があり、青森県の医療的ケア児の支援の問題と、そこに対応できる医師の不足に直面したことが、大きなきっかけであったそうです。2016年と2018年の県全

体の実態調査から、さまざまな問題点がクローズアップされてきたと同時に、各市町村の管轄課では、まだまだ医療的ケア児の把握が十分にされていない実態も明らかとなりました。

（2）小児在宅支援センターの機能

2021年に公布、施行された医療的ケア児支援法に沿って、各都道府県は医療的ケア児支援センターを各都道府県の実情に応じた形で立ち上げました。この小児在宅支援センターは、青森県の医療的ケア児支援センターにあたります。青森県立中央病院のなかに位置し（元の職員住宅を改造して使っています）、2023年10月現在、網塚先生、大瀧先生、大谷看護師、奥寺看護師のほか、MSW（医療ソーシャルワーカー）、事務職員の6名で運営・活動しています。

図表3-4のように、モットーは「出向く」、つまり医療的ケア児の自宅や施設等に直接出向き、「つなぐ」、つまり関係機関との連携を図り、「創る」、つまり一人でも多くの支援者と支援の場を増やしていくことです。医療的ケア児支援法では、医療的ケア児支援センターの機能として、①医療的ケア児およびその家族の相談に応じ、または情報の提供もしくは助言その他の支援を行う、②医療、保健、福祉、教育、労働等に関する業務を行う関係機関および民間団体等への情報の提供および研修を行う、③前出の関係機関および民間団体との連絡調整を行う、と

●図表3-4　青森県小児在宅支援センターのモットー

青森県では医療的ケア児等への支援がまだまだ乏しいのが実情です。ご相談に対しては簡単にはお答えできない課題がほとんどです。

「医療的ケア児等への支援が乏しい」ことは「医療的ケア児等に対する支援の経験者が少ない」ことを意味します。センターでは「支援者への支援」を通じて、県内の「支援の輪」を拡げることを目指しています。

実際にご自宅や施設等に直接出向き（出向く）、関係機関との連携を図り（つなぐ）、一人でも多くの支援者を増やして支援の場を増やしていく（創る（つくる））ことが、医療的ケア児等とそのご家族の生活を支えることになると信じています。

小児在宅支援センターでは、以上をモットーとして県内の医療的ケア児等支援の充実に努めます。

されていますので、明らかにこの小児在宅支援センターは、厚生労働省が定めたセンター機能を大きく上回る、多彩で実際的な活動内容と機能を含んでいることが理解できます。センター機能の3本柱としても、①医療的ケア児の家族と関係機関対象の「相談・支援」だけではなく、②事業所内スタッフの直接指導や研修会の企画運営など、医療的ケア児支援ができる「人材育成」、そしてまた、③医療的ケア児の実態調査や支援に関する情報提供、普及啓発を含む「調査・分析と情報発信」という、幅広く、また長期的なビジョンに沿った内容になっています。

このセンターの前身が多職種コンサルテーションチームの活動ですので、とくに2022年12月に圏域アドバイザー制度が始まる前までは「出向く」活動が非常に多く、県のどこへでも出向いて事業所と家族の直接支援に携わってきました。

●実際の支援例①

青森県の地域性の一つとして、外部からの支援を受けることなく、家族で子どもを育てるのが当たり前という風土があります。つまり、はたから見ると「とても大変」で「困っている」のに、家族にはその意識がないことがとても多いということです。また、今は家族のやり方で一応医療的ケア児を育てる体制が何とかつくれているけれども、今後子どもが大きくなったり、家族の体制が変わったりしたときに、どのように支援を入れていけるのか、そうした情報が乏しい家族も多いのです。そうしたところに直接話を聞きに行き、実態を見に行って、見通しを立てながら支援について助言していったり、関係機関とつないでいくこともたくさんしてきました。例えば、保育園に入園できて順調に生活ができていても、就学後は大きく環境が変わってきます。保育園では園でやってくれていた医療的ケアも、学校でできるとは限らない。では学校でもやってもらえるようにするには、どのように準備していけばよいのかを、子どもが年少クラスぐらいのときから一緒に考えていきます。

●実際の支援例②

無事に保育園に入園できたとしても、そのなかで保育士や看護師がどのようにその子どもの生活や環境を組み立てていけるのかは、あまり前例がないことや、子ども自身と保育園の特徴もそれぞれ大きく違うことから、簡単にマニュアル化できるものではありません。そこを定期的に訪問して、保育士、看護師、そして家族の気持ちや意見を聞きながら、医療的な面だけではなく、さまざまな面から支えていきます。例えば、園の看護師は子どもの安静が最重要と考えることが多

いため、ほかの子どもと一緒の生活に制限をかけることが多くなります。ところがそれを保育士側からみると、せっかく保育園に入っても看護師とふたりきりの生活では、ほかの子どもとの交流やその子どもなりの遊びの発展、自立的生活にはなかなか結びつかないという心配が出てきます。そこで、大谷看護師が、双方の専門性の違いやそこからくる思いのすれ違いを丁寧に聞きながら、例えば同じ職種の園の看護師に「保育士にこのように伝えたほうがいいかもしれない」などのアドバイスをしながら、両者の連携づくりをサポートします。

●**実際の支援例③**

　園によっては、緊急時（例えばカニューレが抜けてしまった、大きなけいれん発作が起きてしまったなど）や災害時の医療的ケア児支援のためのマニュアルの作成にアドバイスがほしいというところもあります。それは電話等では解決できないため、関係者会議を開くことなども行いながら、必要なところに必要なマニュアルが作成・整備されている状態にサポートしていきます。

　小児在宅支援センターは、医療従事者が中心となって病院内につくられていますので、福祉面の強化をする必要がありました。そこで、2022年12月に医療的ケア児等圏域アドバイザー制度が始まりました。この制度が始まってから、小児在宅支援センターの仕事のかなりの部分が、直接支援から間接支援、つまり県全体の体制づくりや人材育成の部分にシフトしていきました。

●**実際の支援例④**

　それまで医療的ケア児保育をまだ行ったことのなかったH市から、国の医療的ケア児保育支援事業を使って保育できないかと言っている保育園が市内にあるという情報があがってきました。しかし、事業があることはわかっても、市の担当者も園長も、実際にどう動けばよいか全くわかりませんでした。そこで、センターからこどもみらい課の白戸さんにこの件について連絡し、白戸さんがすでにこの事業を使って保育支援を行っているG市と園長に連絡をとり、行政から行政へ、園長から園長へと連絡しあって、それぞれが経験者に学ぶということができました。そうやってH市の保育もとんとん拍子に進んだそうです。

　網塚先生はこのように話してくれました。

　「われわれが直接支援を行うと、そこで支援の経験者が出てくる。ある程度スキルが蓄積されていくと、その経験者が次の人に教えるっていうしくみをつくっ

ていく。われわれが全部やるんじゃなくて、できるようになった人が次の人を教えるんですね」

「医療的ケア児の保育に積極的な園は、フロントランナーとしての課題がほかの園よりも一足早くみえてくる。やればやるほど新たな課題が出てきて、その人達の課題にわれわれが応えながらやっていくと、結局あとに続く人達のために、今後こんなことが起こるっていうことの想定と準備もできるわけですよ」

県全体のサポート体制がサスティナブルにつくられていくためには、人材の再生産システムがどうしても必要になってきます。サポートされた人が次の人達をサポートするという体制づくりをこれからも目指していくそうです。

3. 医療的ケア児等圏域アドバイザー

●インタビューをした方
圏域アドバイザー：成田豊さん

成田さんは、障害児・者の相談支援事業所の管理者兼職員で、長年相談支援の専門家として地域の障害児・者と関係機関にかかわってきた人で、2018年より県の医療的ケア児等コーディネーター養成研修の講師を務めるなかで、地域の人材を育てていく役割を担うことを選んだそうです。圏域アドバイザー制度が始まったのが2022年12月で、このインタビューが2023年3月でしたので、約4か月間の活動期間のなかでみえてきた課題や、今後の取り組みへの思いを聞きました。

圏域アドバイザーとは、医療的ケア児等コーディネーターとは異なる役割をもちます（図表3-5）。むしろ、コーディネーターのサポーター兼スーパーバイザーを担っています。その相談経路は、アドバイザーに直接持ち込まれることもありますが、地域のコーディネーターからの相談持ち込みと、小児在宅支援センターからの相談持ち込みの大きく分けて2つのルートがあります（図表3-6）。コーディネーターからの相談に対しては、おもにアドバイザーとしての活動になります。つまり、コーディネーターのサポートをしながら、地域の関係機関とつないでいったり、状況のアセスメントのサポートをしたりします。小児在宅支援センターからの依頼に対しては、センターと協働しながら、地域の関係機関や人材をつなぐコンサルタントとしての役割をもちます。

成田さんはとくに「つなぐ」ということに大きな重点をおいています。その理由の1つ目は、圏域のどの地域でも、どのような子どもと家族でも、どの人がコーディネーターをしていても、同じレベルの支援が受けられる体制づくりが基本と

●図表3-5　青森県医療的ケア児等圏域アドバイザー

圏域アドバイザーは、県が県内各圏域に配置するもので、主に2つの役割を担います。また、青森県小児在宅支援センターに寄せられた相談のうち、圏域アドバイザーの関与が必要な相談は、センターと圏域アドバイザーが連携しながら対応します。

アドバイザーとしての役割
・医療的ケア児等コーディネーターや相談支援専門員等の支援・助言
・圏域協議会運営の助言等

コンサルタントとしての役割
・小児在宅支援センターと協働による地域支援、地域診断
・社会資源の開発等

考えるからです。そのためには、「このコーディネーターだからできる支援」ではなく、どのコーディネーターでも必要な専門性と関係機関とのつながりをもてるような人材育成のシステムが必要になります。成田さんは現在、圏域内のコーディネーターが顔を合わせて学習したり、情報交換したりできるネットワークづくりを目指しています。そこに、コーディネーターだけではなく、行政や、まだコーディネーター養成研修を受けていない専門職や保護者等も参加できるようなネットワークにしたいそうです。県内にはすでに150名ほどのコーディネーターがいますが、圏域アドバイザー制度が始まってまだ4か月ですので、どうしても個人的に知っているコーディネーターとの協働が多くなりがちなところを、地域で実働できる人材を求めて、関係者のネットワークをつくっていくことに重きをおいています。これは地域連携の底上げと同時に、コーディネーター自身が悩んだときに頼れる関係性を構築することにも役に立ちます。

「つなぐ」ことの重要性の2つ目は、支援がその人の一生涯にわたるということです。もし自分が40歳代で0歳児の子どもを担当したら、その子どもが成人する前にほかの人に引き継いでいかないといけないと成田さんは言います。各コーディネーターは、自分がどのようにこの担当児と家族の支援を次の世代に引き継いでいくことができるのかを念頭におきながら、自分の役割を考えていかなければなりません。それと同時に、コーディネーターには、子ども本人と家族に、就労と成人期の生活までを見通して、今後の生活設計を助言できる力が求めら

●図表 3-6　圏域アドバイザーへの相談経路

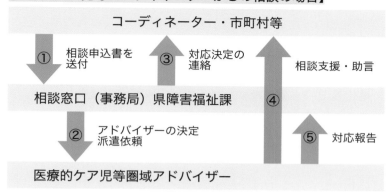

【医療的ケア児等コーディネーターからの相談の場合】

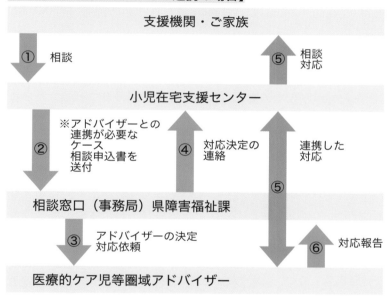

【小児在宅支援センターとの連携の場合】

ます。

　成田さんは、こんなコーディネーターを育てたい、そしてコーディネーター達が働くための土台としてこんなシステムをつくりたいと熱く語り、「あと私は 10 年 15 年で、どれだけコーディネーターを育てられるかなっていう、なんかわくわくしてますけどね」と心から楽しそうに話していました。

4. 青森県の取り組みの成果と今後の課題
〜そこから学ぶこと〜

　これらの取り組みの、目に見える一番の成果は、何といっても医療的ケア児の

受け入れ事業所の増加です（図表 3-7）。そして、急遽、実態調査を行い、その結果をみてからわずか数年間で、広い青森県のどこでもアウトリーチできる体制と、その専門性をもった人材の育成ができる体制がつくられつつあるということは、何よりも素晴らしいことです。

●図表 3-7　保育所における受け入れ状況の結果

	令和元年	令和２年	令和３年	令和４年
受け入れ可能保育所数	42	53	58	102
受け入れ可能人数	46	60	61	92
現に利用している人数	8	12	14	16

出典：青森県健康福祉部障害福祉課「令和４年度医療的ケア児の支援に関する事業所等受入調査の結果について（概要）」（令和５年２月15日）より作成
https://www.pref.aomori.lg.jp/soshiki/kenko/syofuku/iryouteki-care.html

　数として目に見えるデータの背景に、例えば、大谷看護師が述べていた保育園での看護師と保育士の協働体制の構築など、施設とそこにいる人達の変貌があります。成田さんも、学校での受け入れは今後の課題の一つとしながらも、最近は学校に行って「相談支援専門員です」と言うと、受け入れられることがずいぶん多くなったと話していました。当然、医療的ケア児支援は、事業所に受け入れられて、そこで終わりではありません。そこでその子どもの権利と周りの子ども達の権利が適切に守られること、そしてそれが次の成長段階における受け入れ機関に引き継がれていくこと、それを可能とする職員の専門性や体制が確保できること、何よりもそこに携わる人達が相互に信頼でき、安心して支援できるようにサポートしていくこと、そしてそのサポートはその地域で連携しながら医療的ケアの必要な人の一生を通じて続くのです。そうしたサポート体制こそが、また目に見える形での、受け入れ事業所の数の増加となって表れるのだということが理解できました。

　青森県で、このサポート体制が短期間で形成された土台として、もともとの各部署や機関同士の連携のよさがあげられるかと思います。県庁にお話を聞きに行った際にそのことを感想として述べた私達筆者に対して、障害福祉課の築田さんと岩谷さんが「県庁仲いいよね」「そうですね」とうれしそうに答えていたのがとても印象的でした。何かあったときにはすぐにほかの課や機関に問い合わせがいって、顔を突き合わせて何かできないかと一緒に考える、そうした連携の土台がこの驚くべきスピード感の元になっていると思います。実は筆者は今回のインタビューに際して、このスピード感の立役者として、どなたかキーパーソンが

いるに違いないと予測していました。しかし、どの部署や機関に行っても、むしろほかの部署や機関のスタッフに対して「あの先生がいてくれてよかった」「この人が動いてくれて実現した」と感謝する言葉ばかりが聞かれました。関係機関の皆さんが、「今困っている家族」の「今」を大切にして、思いを一つにして支援してきた姿がクリアに浮かび上がってきました。

　今後の課題として、青森県の皆さんが口々に述べていたのは、学校教育と医療と福祉の壁や、圏域や地域の意識レベルの格差、また当事者である家族の「自分の子どもは家族でみていくのが当たり前」というような意識の強さ、専門家の育成等があります。それらは、全国的に共通の課題もあれば、青森県ならではのものもあると思います。青森県は、後進県として出発したそうですが、今後はこういった課題へのフロントランナーとして、ほかの自治体のモデルになっていくに違いありません。そのゆくえを応援しながら見守っていきたいと思います。

「できますよ！」職員達の声で始まった医療的ケア児の保育

新宮団地こども園
（青森県五所川原市）

園の概要

●法人名：社会福祉法人鎌重会

●代表者：木村重介（園長）

●入園児数：145 名

1. 法人と園の特色

　新宮団地こども園は、津軽平野のほぼ真ん中あたりに位置し、広々とした園庭のある保育園です。交通の要衝である津軽五所川原駅にほど近く、住宅街に囲まれており、園児も 140 名以上いる大所帯の園です。

　保育理念は、「子ども一人ひとりを大切にし、保護者から信頼され地域からも愛されるこども園を目指す」としています。法人としては、五所川原市などで 50 年以上にわたり保育事業を展開し、地元に密着して、2 つの保育所と 2 つのこども園を運営しています。

　新宮団地こども園は、2023 年 3 月には厚生労働省の医療的ケア児保育支援事業（2020 年度以前はモデル事業）指定施設として 5 年目を迎えました。すべての子どもに対して、保育・教育環境を提供していくことを根幹に運営することを目指しているため、医療的ケア児の子どもも例外ではなく、職員ができることに全力で取り組み、一人ひとりの子どもの状況に合わせて最良の環境・サービスを提供する努力をしています。「みんな、一緒に遊ぼう」ということは決して難しいことではなく、当たり前のことだという方針があります。そして、常に当事者である親子と共に歩む気持ちや行動をもって毎日の生活を営んでいます。

2. どこにも受け入れられない子どもの存在

　医療的ケア児の保育を始めようとしたきっかけは、2018 年の夏、医療的ケア

児の受け入れ可能な園はないかという、五所川原市からの市内全園に対する連絡でした。そのときに、五所川原市が開催した説明会に集まったのは、数園の施設長やその職員達でした。前例がないことだけに、多くの園がそのリスクを考えて二の足を踏んでいるなか、その説明会に参加していた新宮団地こども園の園長である木村先生と主幹保育教諭の藤田先生は、全く真逆の反応でした。

　当時、受け入れ希望のあった子どもは、病院から退院して以降、保護者が24時間体制でみている状態でした。私達のこども園には看護師という看護のプロがいて、保育教諭という保育のプロがいて、栄養士という栄養管理のプロがいて、そして、行政とのつなぎ役の園長もいる。ふたりの思いとしては、多くの専門職がいるのに、わずか8時間から10時間の間受け入れられないということはないよね、障害のあるなしにかかわらず、どのような子どもでも生活者であることに変わりはなく受け入れられるよね、という気持ちだったのです。説明会後、すぐさま、園に戻って職員会議を行いました。園長の木村先生が「このお子さんを受け入れたいと思うのだけれど」と職員に提案したところ、職員全体が「いいんじゃないですか、できますよ」と即答。いわば、医療的ケア児を受け入れるうえでは何の根拠もなく、見切り発車でいってみようという感じでした。結局、そのときの子どもは再入院となってしまい入園とはなりませんでしたが、その後、別の人工呼吸器を装着している子どもの入園希望があった際には、迷うことなく受け入れることに決めました。そこに困っている親子がいるのであれば、この園に入りたいという希望があるのであれば受け入れる、ただ、それだけの理由からの決断だったのです。

3. 関係機関会議の発足と行政主導のガイドライン作成

　最初の医療的ケア児の受け入れの際には、すぐに行政と相談し、中核病院の担当医師、消防署、保健所、発達支援施設などの担当者や専門職が集まって会議を行い、まずは連絡網をつくりました。これが、関係機関会議の始まりです。総勢17名が集まり、対象児だけでなく、五所川原市内の医療的ケア児の現状を把握し、各所で把握されている情報の共有や今後の対応策が話し合われました。同時に、この会議のなかでは受け入れに伴うガイドライン作成について提案され、行政主導での作成が進行しました。その結果、関係機関会議をスタートさせた約3か月後の第3回目の会議では、「医療的ケア児の保育所等受け入れガイドライン」（2019年11月青森県五所川原市作成）は最終的な修正に至っていました。また、医療的ケア児の受け入れに関するパンフレット（103ページに掲載）作成にも積極的に取り組んでいました。

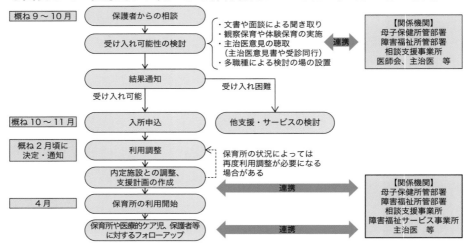

●図表 3-8　医療的ケア児による保育利用までの流れ（4 月入所の場合）

※受け入れ可能性の検討と利用調整は前後・並行する場合がある。
出典：青森県五所川原市「医療的ケア児の保育所等受け入れガイドライン」（2019 年 11 月）

4. 自宅で生活できるお子さんなら大丈夫！

　2023 年現在、3 人目の医療的ケア児の受け入れまでの間、行政とは何度となく協議を重ねてきました。医療的ケア児保育支援モデル事業を開始した 2019 年 3 月には、看護師 1 名体制であったところを 2 名体制へと変更しましたが、保育教諭はもともと 1 クラス 3 名以上の複数担任制をとっていたため、特別な加配もなく保育を営むことができました。保育時間は、ほかの子ども達と変わらず 7 時 30 分から 19 時までとなっており、保護者の希望があれば看護師が常駐しない時間も受け入れ、緊急時には中核病院に連絡する体制を整えています。また、園全体で医療的ケア児を支えるために、人工呼吸器のメーカー担当者に園へ来てもらい、事務職も含めて全職員で機器の説明を受け、緊急時に備えるようにしています。また、医療的ケア児の主治医が中核病院ではなく、他市にある県立病院や国立病院の医師である場合には、受け入れにあたって保育教諭や看護師が主治医の病院へ出向き、直接話をして注意事項を確認してきました。主治医と園の職員が直接話をすることで、園での集団保育の受け入れに対して積極的な評価をしてもらうこともできました。

　医療的ケア児が自宅で生活できるのなら園で生活できるのは当たり前をモットーにしていますが、そのためにも、基本的には入園から一週間くらいは保護者の同伴のもと、保護者にも園での生活を知ってもらっています。また、職員も子どもの状況を保護者から教えてもらいながら、お互いに安心感が得られたところで、「もう、大丈夫！」と朝から夕方までの園での生活をスタートさせていきます。

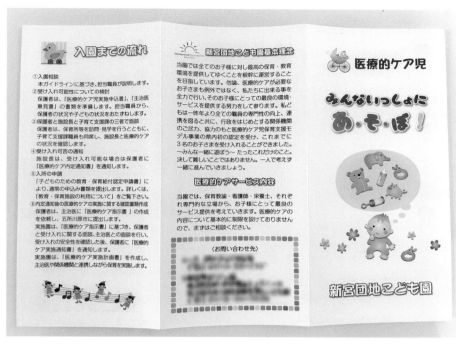

新宮団地こども園医療的ケア児受け入れパンフレット

この時間が、子どもと保護者、そして園にとっても、とても重要な経過なのです。そのような受け入れ体制のもと、日常生活に慣れ親しみ、医療的ケア児が自らの生きる場として園での生活が営まれていきます。ここで、筆者が訪問したときに出会ったえみちゃんと園長の木村先生達の様子を紹介しましょう。

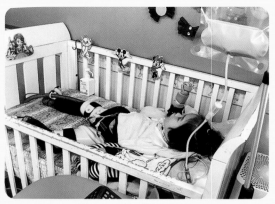

お気に入りのベッドで横たわるえみちゃん

私のベッドはこれではない！

　えみちゃんが毎日過ごしているベッドには、お気に入りの白色で大好きなものがたくさん飾られています。しかし、長年愛用してきたこのベッドも、えみちゃんが大きくなったことによって新しいベッドに交換。すると、えみちゃんは納得のいかない様子でおかんむり。園長の木村先生を見つけると、「私はいつものベッドがいいの！」と懸命に訴えています。これには園長の木村先生も苦笑いをしながら、「このベッドも広々していて気持ちいいよ。ほら！えみちゃんの身体にピッタリだよ」と丁寧に優しく説明しています。そんな説明を聞きながら、ちょっとしたいたずら心で訴えてみたよと言わんばかりに、舌をペロッと出してにんまり顔で笑うユーモアのあるえみちゃん。木村先生と周りの人達は、これには参ったと大笑いをしてしまいました。

　そんなえみちゃんの姿から、私の生きる心地よい生活がここにあるよ、ということを感じさせられる一場面でした。

5. 遠足も、運動会も、どんなときでもみんな一緒！

　木村先生と藤田先生をはじめとする職員の皆さんは、口をそろえて、これまでに受け入れてきた医療的ケア児の姿を思い浮かべてこう述べていました。「それぞれ個性豊かで、クラスの仲間達の人気者である」と。きっと、そのような人気者となるうえでは、その子の個性が十分に発揮される日常があったのでしょう。

　保育現場では、子ども達誰しもが生活者としての主体です。子ども達それぞれが主体性のある生活から個性が発揮され、人としての輝きを増すためには、今日から明日、明日から明後日という、子どもの成長に応じた保育の質の向上が求められます。子ども達の力が最大限に発揮される生活環境と、その経験の日々の積

み重ねを保障するためには、保育教諭や看護師を中心とした職員は、継続的に保育計画を立て、よりよい実践をするという、エンドレスともいえる重要な役割を担っています。

しかしながら、医療的ケア児の保育の場合には、場面や状況によって、みんなに当たり前とされる経験が保障できるかどうかが異なります。職員が現状でもち備えている以上の新たな専門的知識や技術が求められ、かつ、常にそのような場面に向きあい続ける耐久性が必要とされるため、それは保育現場全体の向きあい方によって左右されます。その点、新宮団地こども園の職員全体は、このことに対して一つの方向性を有しています。「どうやったら、みんな一緒に」が実現できるのか。とくに、園内外での行事ではさまざまな配慮が必要となります。そんなときには職員全体が話し合い、医療的ケア児が最大限の個性や力を発揮する場を保障することを目指しているのです。遠足も、運動会も、発表会も、そしてスキーだってみんなと同じように経験し、子ども達誰もが自発的に活動をしています。その結果、子ども達のなかでは、医療的ケア児も含めたそれぞれの個性を認めあう関係が生まれているのです。

ここで、医療的ケア児のえみちゃんのことが大好きなじゅんくんのエピソードを紹介しましょう。

エピソード

じゅんくんの 優しいまなざし

えみちゃんのそばで真剣に王子役を演じるじゅんくん

じゅんくんは、日頃から遊ぶときにはクラスのムードメーカーとなり、リーダーのような存在です。強がりで負けず嫌いな姿が多く、どんなときでもみんなの先頭をきって歩いています。そんなじゅんくんは、クラスのなかで明るくて優しい人気者のえみちゃんが大好き。えみちゃんへ接するときだけは、いつ

になくリラックスして柔らかな表情を浮かべ、繊細で優しい言葉を使いながら気持ちを交わしあいます。発表会のお遊戯の際には、主役の白雪姫を演じるえみちゃんの一番近いところで、王子役に真剣に取り組むじゅんくん。普段にはないじゅんくんの一面と共に、年長児全体が共に成長している姿に、保護者も職員もみんなで喜びあい、幸せを感じた瞬間でした。

「みんな、一緒」という園全体の共通理念は、新宮団地こども園のすべての子ども達と保護者達のインクルーシブな生き方に大きな影響を与えています。

6. 医療的ケア児の保育における緻密な計画力と実行力

このように、さまざまな行事を中心として、新宮団地こども園の子ども達は、分け隔てなく「みんな、一緒」の経験が保障されています。しかしながら、それは保育現場にとって容易なことではありません。なぜなら、医療的ケア児は子ども一人ひとりが生きるために抱えている事情があるからです。その時々の保育実践において、どのような援助や配慮が必要なのかを検討し、看護師や保育教諭達職員も未経験のことを想定しながら計画を立て、実践に取り組む必要があるのです。例えば、新宮団地こども園でカニューレを装着していたゆいちゃんは、年長児のときに初めてスキー行事に参加することになりました。新宮団地こども園では、4、5歳児になるとスキーは楽しみな行事の一つです。ゆいちゃんの保護者からも、ほかの子どもと同じプログラムで参加させてあげたいという希望があったことから、そのスキー行事を実現するための計画が始まりました。まずは、担当医師に確認をしたところ、「どんどん、やらせてあげてください！」という言葉が職員達の大きな安心となりました。それでも、スキーを実施するうえでのリスクマネジメントは緻密なまでに行いました。もちろん、ゆいちゃんにはスキーの経験がないので、急な体調不良やカニューレが抜けてしまう可能性、また、抜けてしまったときにはすぐに装着できるようにという手順の確認等を行いました。カニューレの部分に雪が降り積もる可能性も考

園外でのスキー行事に参加するゆいちゃん

え、ネックウォーマーも付けるようにしていました。このネックウォーマーもまた、窮屈になってしまうといけないので、ちょうどよい包み具合のものを用意するように配慮しました。スキー場には、職員である看護師が待機するだけではなく、スキー場にもゆいちゃんに関する情報共有を行い、インストラクター兼パトロールができる人も待機してもらいました。スキー場とも事前に打ち合わせを繰り返していたので、準備をするものや、カニューレが抜けたとき、低体温になったときの対応など、トランシーバーで連絡を取りあいながら対応できるように進めていけることが、事前の安心感となりました。

　基本的には、ほかの子どもと変わらずの行程で行事を進める予定でしたが、ゆいちゃんは4歳児のときには在園していなかったため、ほかの5歳児とは異なり、ゆっくりとした慎重なスタートとなりました。みんなと一緒のことをやりたいと楽しみにしながらも、最初は外に行くことなども躊躇していましたが、徐々に楽しさを知っていくなかで、自ら積極的に取り組むようになりました。最後はゴンドラに乗ってみんなと同じように滑るようになり、学校へ行っても問題なくスキーができるだろうと、保護者や看護師、保育教諭はみんなで大喜びしました。なぜ、ゆいちゃんがここまでスキーを滑ることができるようになったのか。それは、スキーが得意ではない子ども達が、一緒にがんばろうと声をかけあいながら進めていた様子があったからでした。ゴンドラに乗る際の難しいときとか、転んだときとかも、見栄を張りあいながらやっている様子もあり、みんなで乗り越えたからという達成感が最後の喜びとなっていたのです。「みんな、一緒」の経験だからこそのゆいちゃんを含めた子ども達の成長した姿でした。

運動会で走るゆいちゃん

　年間行事のなかでも子ども達の楽しみの一つである遠足においては、医療的ケア児の保育をスタートさせた年から、事前計画は毎年のように試行錯誤の連続です。最初の年に入園した経管栄養のえみちゃんは、頻繁に誤嚥があったため、遠足先での昼食は摂らないように配慮することにしました。行きはほかの子ども達と一緒に電車で出かけて、午前中遠足をしてから、午後は園の車で帰園という選

遠足でクマが見えるように車椅子を持ち上げる

料理を一緒にする前の子ども達

択をし、できる範囲で行事参加を目指しました。4年目となる今年の遠足に参加を希望した医療的ケア児は、やはり経管栄養のえみちゃんでした。遠方への遠足としていたため、子ども達はバスを使用しての大移動でしたが、事前にバス会社とも連絡を取りあい、事前の下見をして、チャイルドシートの部分にえみちゃんを乗せて装着できることが確認できたため、職員達はみんなと一緒に移動することに決めました。また、えみちゃんの誤嚥が少ないようであれば、昼食時間は一緒に過ごせるだろうと、子ども達がお弁当を食べる場所に職員がテントを張り、経管栄養をしたり、排泄の援助をしたりして対応しました。遠足すべての行程において、みんなと一緒のプログラムに参加できたことにより、えみちゃんはバスのなかでもみんなでなぞなぞクイズゲームをしたり、お弁当時間にはテントの周りを子ども達が囲んで一緒にランチタイムをしたりして、楽しみながら参加することができました。新宮団地こども園では、最初の年に一緒に電車に乗って移動した経験から、「みんな、一緒」ということこそが楽しいという共通認識があります。行事に限らず、あらゆる生活場面においてその実現を図ることを目標としており、そこには職員全体の緻密な計画力と実行力が存在していました。

7. 地域の小学校に進む道筋を拓くために

　現在、入園しているえみちゃんは、地域の小学校へ進学したいと希望しています。しかしながら、教育委員会は、未だ五所川原市で実施している医療的ケア児の関係機関会議に入っていないため、連携していくことの難しさを感じています。結局のところ、地域の小学校で受け入れられるかどうかは、保護者と教育委員会

との就学前相談が重要なポイントとなります。その一番のキーパーソンは、教育委員会のメンバーとなるのです。実は、すでに卒園して就学しているゆいちゃんの場合には、木村先生が当時の教育委員会のメンバーへ懸命に説明をして説得した結果、受け入れ可能となりました。その後、その当時の教育委員会のメンバーは、ゆいちゃんの小学校の校長先生となり、「全然、思っていたよりも手がかからないよ。心配いらないよ」という言葉が出るほど、理解が深まっています。木村先生は、そういった親子の希望である就学先の実現が、地元の子どもが地元で育つ保障となることを意味すると語っていました。そして、今、木村先生と新宮団地こども園の先生達は新たな挑戦をしています。五所川原市と相談して、2025 年度より医療的ケア児を含めた放課後児童保育をスタートさせるのです。就学後以降も地域の学校と共に医療的ケア児とその家族を支えることで、さらに地元の子どもが地元で育つ保障の充実を図っていきたいと考えています。

8. 子ども達と共に生きる人々

　園長の木村先生は、障害のあるなしに限らず、毎日を過ごす子ども達だけでなく、その子ども達と共に過ごす園全体の様子や職員達の姿について、次のように語っています。

> 　医療的ケア児の保育事業を行ってから、何一つデメリットはなかったですね。こういうことをお答えする場でいうと、本当にそう思っている？と思われるかもしれないけれど、メリットは多く、デメリットはなかったんですよ。そうそう、この事業をやってから、うちの経営という話でいうと、離職者も、ここ 4 〜 5 年で退職者一人というくらいに離職率が下がったんです。

　実際には、医療的ケア児を含めた保育をスタートすると、これまで以上に一人ひとりに応じた保育を熱心に実現しようとするので、残業も多くなっていく傾向にあります。それにもかかわらず、変わることなく職務に取り組む職員の姿の背景には、子ども一人ひとりを大切にしながら、毎日の生活を元気に楽しく過ごせる工夫を目指している園の方針があったからといえるでしょう。しかしながら、それと同時に、木村先生はよりよい保育を持続的に実現させるために、しっかりと事業の採算性を図り、職員の処遇改善を目指していました。具体的には、地域に必要とされる現場となることで、入園定員数が増加しただけでなく、職員を基準よりも多く配置し、指定休や有休を増加する、なるべく残業も減らしていくなどがあったのです。

そこから生み出された、医療的ケア児の保育を含めた園生活の流れのなかでは、職員同士、誰しもが誰かと共に通じあいたいと願いながら、絶え間なくコミュニケーションをとる豊かな空間が広がっていました。また、その表情や会話には、日常の保育に追われているというものはなく、気持ちや時間のゆとりさえあります。

　このような園全体の雰囲気のなかで、子どもだけではなく保護者も尊重し、一人ひとりの声や気持ち、行動を状況とつなげながら、日々、それぞれの幸せを実現していこうという努力を続けています。その様子は、まさしく保育現場が一つの地域資源として、誰しもにとっての地域のコミュニティの中心的役割を担うことの重要性が実感できるものでした。

9. 医療的ケア児の受け入れ基準認定がほしい！

　最後に、現在、厚生労働省の医療的ケア児保育支援事業指定施設となっている新宮団地こども園のことについて、五所川原市の担当職員は次のように語りました。

　医療的ケア児保育支援事業指定施設としての補助金は、受け入れていただいている限り、国や市としても支出していくのですが、新宮団地こども園の場合には、もう補助金はいらないっていうくらいに運営が安定しているので助かります。しかし、どこでもそうはいかないと思います。やはり、その場合、一般的には受け入れが途中で切れると補助金はなくなってしまい、再び体制をつくることは厳しくなる。それは、全国的にネックなのだろうと思います。

　医療的ケア児の受け入れがなくなると、これまで雇用していた看護師や保育教諭も解雇しなければならなくなります。また、いざ、再度の受け入れを可能とするためには、一からのスタートとならざるを得なくなってしまうのです。そんな状況に対して、木村先生はこう語りました。

　正直、私達の園の場合、補助金がなくても、医療的ケア児がいなくなっても続けていく意志はあるんです。しかしながら、一旦やめてしまうと、人材の確保や体制の再構築には厳しいものがありますよね。そうしたことにならないためにも、うちのような受け入れ経験のある園では、医療的ケア児を受け入れられる認定などを県や国からいただけたらよいのではないかと思うん

です。もし、常時看護師を2名確保する体制が厳しければ、これまでに知識や技術を身につけた保育教諭を「医療的ケア児の保育専門」と認定するような形式のものがあったりすると、いつでも受け入れられると思うんです。簡単にはできない事業だと思うからこそ、その経験値は大切なんです。基準を満たしているところがあるという認定が、これから生まれてくる地域のすべての子ども達を支える保障につながるんです。

　木村先生のこの言葉に、今、まさに医療的ケア児を受け入れ続けている現場だからこそ、困っている当事者を支えることへの一途な思いがあります。また、このように語る背景には、自分達の園において職員が懸命に築き上げてきた、医療的ケア児を取り巻く保育や看護の専門性の質の高さに対する、大きな信頼の証がありました。

10.「すべての親子」を支援する保育

　新宮団地こども園では、従来から地域の子ども達やその保護者達への大きな思いがありました。それは、自分達の園が、その人達にとって「地域コミュニティの中心」であることでした。昔から、いつでも温かく優しさ溢れる雰囲気のなかへと通じる門が開かれていたのです。しかしながら、最初に医療的ケア児の受け入れがスタートしたのは、その開かれた門に勇気をもって入ってきた、人工呼吸器を付けている子どもとその保護者の存在でした。その「受け入れ可能ですか?」の一言に込められた願いに「大丈夫ですよ」と園が応じた瞬間から、地域における「親子」から「すべての親子」を支えるという意味へと大きく変化した瞬間でした。社会では、徐々に医療的ケア児の保育が必要であると認識されつつありますが、実際の保育現場における取り組みは十分に保障できているとはいえません。未だ、医療的ケア児の受け入れを検討しながらも、不安を抱えている保育現場も多いことが予想されます。それは、どこの地域の現場も同様なのではないでしょうか。この新宮団地こども園の取り組みから、勇気と自信をもらい、まずは、皆さんの現場に訪れる当事者と向きあって、話し合うことからスタートするのはいかがでしょうか。そこから、「できるかな?」から「できますよ!」と言える可能性がみえてくるかもしれないのです。

私達の医療的ケア児保育支援事業に対する思い

新宮団地こども園 園長　**木村重介**

　私達がこの事業を始めて5年目を迎えることができましたが、この5年間は、さまざまな葛藤、疑問、悩み、そして何より喜びがあった素晴らしい時間でした。

　当初、事業を始めたときは、本当に見切り発車だったのです。

　五所川原市から医療的ケア児受け入れについての説明会に主幹保育教諭の藤田先生と参加した際、医療的ケア児について何も知らなかったことを恥じると同時に、大きな違和感を感じたのです。それは、多くの施設長から発言があったネガティブな内容のものでした（リスク・責任の所在など）。

　元来、へそ曲がりな私はこう思ったのです。

　「いつも保育関係の会合や研修会ですべての子ども達のためにと話されてるのに…。医療的ケア児はすべての子ども達に入らないのか？保育・教育、看護、栄養、運営の専門職がいるのに、家庭で生活できているお子さんを、わずか半日お預かりできない私達施設側の存在意義って何？」

　同席していた藤田先生も同じ思いのようでした。

　園に戻ってすぐ職員会議を開き、スタッフに受け入れを提案したところ、思いがけない返事が。

　「やりましょう。できますよ」

　もやもやしたふたりの思いはその場でスッキリし、すぐに市に受け入れを表明できたことを思い出します。

　その後、医療的ケア児の受け入れが始まりましたが、私達にとって初めてのことばかりで、右往左往しながら手探りで過ごしていきました。

　しかしながら、私の目にも日々わかるように、スタッフの意識、周りの子ども達、保護者の反応が変化していくのに時間はかかりませんでした（もちろんよい方向に）。

　私達にとって、特別な日常が普段と変わらない日常に変わった瞬間だったと思います。

　何一つ受け入れに関して、デメリットも感じず事業を継続している時期、多くの機関から、事例紹介やシンポジウムのパネリストの依頼がきました。そのなかで、青森県と看護師協会共催のシンポジウムにパネリストとして参加させていた

だいたときのことでした。

　このとき、3組の医療的ケア児の親子が参加されており、保護者の悲痛な訴えを直接聞くことができました。「自分の大事な子どもを、ほかの子と同じように過ごしてもらいたいだけなのに、保育園の入園を行政機関に相談しても相手にしてもらえず、自分で何十件も保育園に問い合わせしてもほとんど門前払い。たまに話を聞いてもらっても、子どもの状況を説明すると断られるの繰り返し。私達はどうしたらいいのか。うちの子は社会のお荷物なのか？」と涙ながらに訴えられました。私は言葉を詰まらせ、「決してお荷物なんかじゃない。うちの園に来てください」としか答えられませんでした。現実問題として、生活圏が遠いことから無理なことはわかっていましたが、それしか答えられない現実がそこにありました。

　帰路、私は自分達の非力を思い知ると同時に、シンポジウムに参加したことで、この事業を継続していくうえでの多くの課題に気づかされました（卒園後の就学問題、社会的認知度、理解の低さなど）。私達にできることは何なのかを、スタッフと一緒に考えるなか、一つの結論に達しました。

　「同じ思いをもっていただける施設が少しでも増えていけるように、世の中の人々に、行政機関にさらにご理解いただけるように発信していこう」ということでした。そのためには、全国どこであろうと、要請があればこちらから出向く。それが私達の決心です。

　そんな私達の思いですが、うれしいことに少しずつですが前に進み始めました。

　県内数か所のこども園から問い合わせがあり、実際に見学に来られ、その後、医療的ケア児の受け入れに至ったという報告がありました。また、県内外から、現在の私達の保育から医療的ケア児の保育を学びたいという声をいただきます。

　決して誰かにほめてもらいたいわけではありませんが、自分達がやってきたことが間違いではなかったこと、誰かに理解されることで、すべてのスタッフが報われた思いです。

　すべての子ども達、スタッフに感謝しつつ、本書が一人でも多くの人々の目にとまり、医療的ケア児の今後のさまざまな事業の礎になることを祈念申し上げます。

多職種連携による
医療的ケア児の保育

にじいろ保育園
（青森県青森市）

園の概要

●法人名：社会福祉法人高田福祉会

●代表者：山上聡史（園長）

※お話を伺った人　山上華奈子先生（同法人高田保育園園長）

●入園児数：小規模保育園 12 名

---

1. 法人と園の特色

　にじいろ保育園は、JR 青森駅から車で 10 分足らずの住宅街のなかにあります。2020 年 4 月にスタートした小規模保育園で、0 〜 5 歳児を受け入れています。法人としては、同じ青森市内にもう一つ、高田保育園を運営しています。

　「明日もまた来たいという保育を目指して」という保育理念を掲げて、「元気な明るい子」に育ってくれることを保育目標にして、保育を実践しています。

2. 「医療的ケア児の保育をやりたい！」という　　思いの始まり

　園長の山上聡史先生の妻である同法人の高田保育園の園長山上華奈子先生には、開園前から一つの思いがありました。医療的ケア児の積極的な受け入れです。その理由の一つは、華奈子先生の小学 4 年生からの生育歴にありました。近しい関係であったいとこが医療的ケア児であり、常に共に育ちあってきたのです。互いの家に泊まったり、旅行へ行ったりと、どんなときでも一緒に育ってきました。当時を振り返ると、いとこは口からミルクも飲めない、保育園に入るということは一切会話に出ない、頻繁に入院するので、親が付き添いのなか、きょうだい達は華奈子先生の家で預かるなどという、いわゆる一般的な医療的ケア児の家族を目の当たりにしていました。そういう意味では、医療的ケア児を取り巻く家

族の大変さを感じながらも、反面、共に育ちあうことに偏見はなく、楽しい時間を過ごすことができました。

近所の散歩「たんぽぽ見つけた！」

　そのような生活経験をもつなかで大人になり、保育者として働くようになりました。すると、10年ほど前から、青森県の保育連合会の役員活動の一環として、青森県立中央病院の網塚先生が主催する、年2回の「小さく生まれた子の集いの場」で、保育の場を提供するという仕事に就くようになったのです。そこでは、「あっ、この子は気管切開のお子さんだな」「この子は歩けないお子さんなんだな」「経管栄養のお子さんだな」というさまざまな子どもと出会い、その保護者の抱える問題や課題を実感しました。とくに、声として大きかったのが「私達の子どもを受け入れてくれる保育園がない」ということだったのです。保護者は、働きたいのに、育休が明けても預けるところがなく、仕事にも戻れないため職を失ってしまう。ひとり親であれば、なおさらのこと、生計を立てていくことが難しいというのが実態でした。これには、華奈子先生の気持ちはいてもたってもいられなくなりました。その子が生まれたがために、家族が不幸になるなんてあり得ない、何とかしなくてはという思いで、同法人の新しい保育園では、医療的ケア児の保育をスタートしようとしたのです。

ハロウィンを楽しむ

3. 保育者達の大きな不安感

　にじいろ保育園が開園した直後の4月後半には、医療的ケア児の保育に関する問い合わせがありました。5月下旬には園見学を済ませてもらい、さあ、医療的ケア児の保育を始めようと意気込んだ華奈子先生は、いよいよ本格的に園全体で受け入れの話し合いを始めました。ところが、ここで保育者達の「受け入れを

して私達はどうすればよいのですか！」という大きな反発にあったのです。華奈子先生としては、保育者達のこの姿に、これが現実だろうな、この反応が特別なのではなくて、世の中の理解が進んでいないのだろうなと心のなかでは感じていました。しかし、ここで私が諦めてしまったら社会は一向に変わらない、そして当事者である親子の問題・課題は解決できないと、来る日も来る日も話し合いを繰り返しました。そんな保育現場の不安は、7月の受け入れから実際の保育がスタートしても、しばらくの間は拭いきれないものでした。そんなときに、受け入れ体制を整備するための大きな助けとなったのが、青森県の多職種コンサルテーションチームの存在でした。

遊び

4. 多職種コンサルテーションチームの支え

　本書の90ページに詳細が述べられているとおり、青森県内では、多職種コンサルテーションチームが、医療的ケア児を支援する医療機関、福祉施設および教育機関等と連携して、問題点を把握、改善策を検討し、必要な支援を提案・フォローしながら、医療的ケア児とその家族を支援する従事者をサポートしていました。にじいろ保育園で医療的ケア児の受け入れの意向があると聞きつけたチームメンバーより、園へ直接の電話連絡があり、医師達が5月下旬には来園しました。受け入れ予定の子どもにはどのような対応や環境の準備が必要であるのか、医師からの指示書はどうするのか、子どもに持ってきてもらう持ち物が必要なのか、人工呼吸器のカニューレが抜けたときはどうするのかなど、さまざまなことを教えてもらいました。華奈子先生を含めた保育者達も、人工呼吸器のカニューレが抜けたときや経管栄養の管理など、医療的な分

ベビーカーに乗って散歩

野における知識や技術の話となってくると、この状態のままでは大変なことになってしまうという思いが募り、何度となく訪問してもらいながら教示を受けることにしました。その内容は基本的なものでしたが、保育士にとっては、気管切開時の身体の構造も、体位変換の必要性も、経管栄養も、胃ろうも、あらゆることが「テレビでしか見たことなかった」ということばかりでした。実際の保育士が可能な範囲の対応方法や、看護師の実際の処置の仕方については、専用の人形を持ってきてもらい、体験的に学ぶことができました。このことによって、徐々にではありますが、受け入れ準備が整い、一人目の医療的ケア児を迎え入れることになったのです。

楽しい砂場遊び

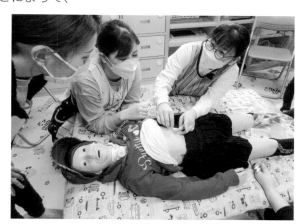

人形を使った研修

医師による直接指導

5. 保育士と看護師の互いの専門性を超えて

　7月に入ると、まずは親子での通園期間を設定しました。その時点では、お母さんにも子どもにも分離不安があるので、常に別室で様子をみたり、待機したりしてもらいました。1週間、2週間と続きましたが、8月に入る頃には安心して預けてもらえるようになりました。医療的ケア児自身も、最初は、園内で保護者を探し回っていましたが、その姿はほかの子どもと変わらぬものがあり、日を追うごとに慣れ始め、最終的には安心して遊びに集中できるようになりました。2、3か月してくると、保育士と看護師のほうも受け入れられる自信がつき、日々の

大好きなアンパンマン

生活が安定していったのです。また、多職種コンサルテーションチームが、定期的に状況をみながら支援体制を組んだことにより、安心して取り組みができました。スタート時は2週間に1回の回数で頻繁に訪問してもらっていました。その後、保育が安定した際には、半年に1回のペースで定着していきました。

　しかしながら、すべてが順調に進んだわけではありませんでした。医療的ケア児の保育では、保育士と看護師それぞれがかかわりをもちながら、互いの専門領域を活かして、子どもの最善の利益を求めた支援をしていきます。看護師は、最初に「安全・安心・安静」を目指したケアを展開していました。病院勤務の経験

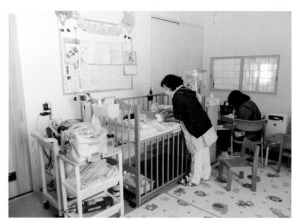

看護師によるケア

のある看護師ばかりだったので、病院でのように安静にして過ごすことが大切とされる子どもの姿に比重がおかれていたのです。一方、保育士は、どんなに医療的なケアが必要とされている子どもであったとしても、子どもらしく遊び、その年齢にふさわしい活動を友達と一緒に行い、ケアの部

分を看護師にお願いをして業務分担をしたいと願っていました。そのようなそれぞれの子どもに対しての熱心な思いや願いがあるだけに、その取り組みの違いは大きな壁となり、互いに反発しあう期間がしばらく続いてしまいました。

　何よりも大きな壁となったのは、ほかの子ども達との生活空間のつくり方でした。子ども達が楽しいことがあったり、うれしいことがあったりすると、興奮して大きな声を出してしまうことがあります。そのちょっとした騒がしさだけで、医療的ケア児が発作になってしまうのではないかと看護師は心配してしまうのです。しかし、保育士の立場からすると、子どもが子どもらしく泣いたり、笑ったり、楽しんだりする声もダメなことなのかと、同じ空間で育ちあううえでの矛盾が出てくるのです。どちらも大切な子ども達の育ちを守るための意見であり、けんかをしているわけではないのですが、なかなか難しい課題となりました。その結果、一定期間、医療的ケア児の部屋には看護師しか入れなくなり、その空間では、ポツンと佇むような、子どもと看護師の1対1の関係しか築けない生活となってしまっていました。

　こんなときにも介入してくれたのが、やはりコンサルテーションチームや、小児在宅支援センターの医師や看護師でした。同じ医療現場の仲間が、子ども達の自然な環境のなかでの声は大丈夫なのだとはっきりと伝えてくれたことで、園内の看護師は納得することができました。自らの責務が大きなプレッシャーとなり、抱え込んでしまっていた看護師の不安に対して安心感を与えることこそが、何よりも必要だったのです。このような園内外での連携が、保育士と看護師の互いの意見を通じあわせていくことのきっかけとなりました。

ぐっすりとお昼寝

みんなと一緒に

6. 子どもの可能性を最大限に発揮させる保育の力

　現在、入園している医療的ケア児は 4 名です。そのうち、経管栄養のまいちゃんは、入園当初、唾を飲み込めないほどの状況でした。家庭では離乳食を食べていた時期もありましたが、一度むせるとかなりの苦痛を強いられることから、それ以後、一切口から食べることもなくなりました。唾でさえ飲み込むことを避けるようになり、自らの力で嚥下する意思を失ってしまっていたのです。そのような状況から、まずはコンサルテーションチームの医師でもある大瀧先生の摂食外来へ通うようになり、水を飲み込めるようになりました。さらに、さまざまなことを検討していくなかで、経管栄養を通している部分に炎症があり、痛みが伴うので飲み込めないのではないかということになり、ちょうど入園から 1 年経った頃には胃ろうになりました。そこで、胃ろうで栄養を摂取しながら、身体に通している管をなくすことによって炎症を治し、少しずつ口から食べることを目標にしました。

子どもの状態に応じた食事を提供する

　その後のまいちゃんの変化は著しいものでした。胃ろうになった 2、3 か月後には問題なく飲み込めるようになっただけでなく、おやつも食べられるようになりました。6 か月後には、なんと昼食も可能となったのです。もちろん、最初のおやつや食事は、誤嚥をさせないようにと、口の中で溶けるような調理の工夫をしていましたが、最終的には、おかゆとご飯を選んでもらうと必ず「ご飯」というようにまで、食事に対して意欲的になりました。

　その食事の変化は、常に動画を撮影し、大瀧先生が園へ訪問する際には、看護師や保育士と共に必ず見てもらい、評価を繰り返しながら丁寧に進めていきました。その変化に一番喜んだのは、共に相談しながら挑戦し続けた保護者でした。この大きな変化について、看護師はこのように語りました。

　看護師だけだったら、たぶんこのようにはならなかったと思うんです。だって、安全を取っちゃうから。保育士は、食べさせるときに言葉かけとかがとても上手だから、子どもの食べる意欲が出るんですよね。看護師だと、危険

がないかと見守ることを優先してしまう。だから、保育士には、「見守りは私達がやるから、やって」とお願いしたんです。

　子ども達の食べる意欲を高めたのは、保育士の大きな力でした。それと同時に、ほかの子ども達と一緒に、同じ場所で、同じ器で、同じ食べ物を味わうこと、その経験をしたいと望むことのできる環境も重要でした。また、食事における自立は、排泄の自立も促進しました。液体の栄養を摂取していた時期は、便の状態も固まらず液体状でした。便意を催してもトイレに間に合わないことが通常となり、おむつが常に必要で、漏れてしまうこともありました。固形の食べ物へと変化することで、便が少し固まってきて、便意を催しても我慢ができるようになり、トイレに間に合うようになりました。「トイレ」とまいちゃんが合図すると、普通に行くことができる。そして、普通に終わって戻って来ることができる。こんな普通の日常が、まいちゃんにとってはうれしいことなのだということが周りには伝わってきます。いつまでも赤ちゃんではないという意識が子どもの気持ちにあって、排泄の失敗を気にしない日常が、心の安定と自立の一歩につながっているのだということを確信した一場面でした。

食事

7. 多職種連携が生み出した子どもが育ちあう場づくり

　にじいろ保育園では、華奈子先生の大きな願いがありながらも、最初から園全体の方針が一致していたとはいえませんでした。それは医療的ケア児の保育をやりたくないということではなく、誰にとっても未知の世界であったからです。それが子どもの命を守り、支える仕事であるからなおさらのこと、不安は大きなものでありました。開園から4年目、現在でも日々、園内では保育士と看護師、医師などを中心とした多職種連携を行いながら、医療的ケア児を含めた子どもの育ちを支えるための話し合いを続けています。そのような現場の様子は、これから医療的ケア児の受け入れを始めるどの保育現場においても、必ず訪れる大切な試練かもしれません。にじいろ保育園のように、試行錯誤しながら取り組んでいる人の姿が、次のやりたい人に伝承されていくようなシステムが、今、まさに全

鍵盤ハーモニカのレッスン

国の保育現場で求められています。

　にじいろ保育園の夏祭りの日、保育士の子どもが手伝いに来てくれたときのことです。そこで目にしたのは、生き生きとした子ども達と職員達の姿でした。その姿に感銘した保育士の子どもは、その夜、「私もこの道に進みたい」と自らの夢を語りました。子ども達誰もが共に育ちあう姿はそれほどまでに魅力的であり、その育ちを支える専門職が懸命に取り組む姿は輝かしかったのです。この日常がどの地域の保育現場においてもあったならば、小さな頃からどの子も共に育ちあう環境があったならばと考え、望み、行動を始めるだけで、その社会変化はすぐ目の前に拓かれていくのではないでしょうか。

私の医療的ケア児の保育の原点、そして今保育を通じて思うこと

高田保育園 園長　**山上華奈子**

　私が小学 4 年生のとき、今でいう医療的ケア児（その当時はそのような言葉はありませんでした）のいとこに出会いました。その子は K くんといいます。K くんは 20 歳前に亡くなってしまいますが、そこから 15 年以上も経っている今でも、K くんの話題が出てきたりします。その K くんがきっかけで、私は医療的ケア児とかかわってきていました。その K くんは、よく体調を崩し入院したのですが、そんなときに K くんのお母さんが、「K は寝たきりだし、言葉も言わないし、ご飯も鼻からのチューブで、何にも私達のことをわかってないと思うでしょ？」と言ってきました。私はどういうことだろう？と心で思っていましたが、続けて K くんのお母さんは「でもね、実は全部ちゃんとわかっていて、この人が好きとか、この人が苦手とか、この味が好きとか嫌いとか、ちゃんとわかっているんだよ」「見てたらわかるよ。全部お話（言葉ではない）してるよ」と、私に話していたのが鮮明に記憶に残っています。

　当時の私は、何気なく K くんとかかわっていたので、そうなんだ、本当にそうなのかな？どうせなら K くんの気持ちを知りたかったし、どこをどう見たらわかるのかな？という気持ちがありました。そして、そういう子の気持ちをわかる人になろう、好かれる人になりたいと思っていました。このときは、自分が保育という分野で医療的ケア児にかかわるとは思っていませんでした。

　私が社会人になり、保育士として仕事をするなかで、K くんとは違う医療的ケア児にかかわることがあり、保育園に入りたいけれど入れないという現実を突きつけられました。親が仕事を諦めなければならなかったり、同じ子どもなのに、子どもが育つ環境・保育の場がないんだと感じました。きっかけがいろいろと重なり、小規模保育園を開設し、保育園に通いたいすべての子どもが入園・通園し、そして子ども同士のかかわりや、保育士や看護師と触れ合って共に過ごす場としてあることを実現できました。

　数人のお子さんと接しながら、子どもの変化や親の変化を感じていました。子どもは表情が出てくるようになり、表情豊かになります。周りのお子さんにとっても、初めは少しさまざまな自分と違う部分（カニューレや経管栄養のチューブ）に興味をもちますが、保育士が説明したりしているうちに、すぐにその違う部分

は全く関係なくなり、お友達として接するようになったり、言葉は発しないのに「先生、〇〇ちゃん楽しいって言ってるよ」「お腹すいたって言ってるよ」と教えてくれるようにもなりました。とてもうれしい変化です。そして、親も初めは自分の手から離れて通うことになることに不安や葛藤がありますが、子どもがほかの子とかかわっていたり、一緒に製作や活動をしている姿を見たり、聞いたりしているうちに、心配の表情から笑顔が増えます。心にも少し余裕が生まれるようで、その子に兄弟姉妹がいる場合に、「お姉ちゃんにいろいろと我慢させていたことに気づきました」「お兄ちゃんが〇〇できるようになっていたのに気づきました」と、笑顔でお話ししてくれています。医療的ケア児の保育はほかの園児にプラスであり、その子を支える親やきょうだいにもプラスに働いていると実感します。

　ある医療的ケア児のお母さんから、園の見学のときに「私に一週間で10分でいいから自分の時間をください」とお話しなさっていたのが印象的でした。人工呼吸器を使用し、発作も多いお子さんでしたので、夜中もケアやアラームで寝られなかったりしていたとのこと。保育園はお子さんをお預かりし、お子さんが過ごす場でありますが、親の育児に対する不安や悩みを相談できる場であり、親に寄り添える関係性であると思います。

　子どもが育ち・遊ぶことでお子さんが笑顔になり、それを支える親や先生達も笑顔になる。そうすると、親や先生も子どもに笑顔でかかわれるようになる。このプラスの循環が続くように、これからも支えていきたいと思います。

　一人でも多くの医療的ケア児が保育園等に通えるよう、それを支える親が孤立しないよう、「孤育て」ではなく「子育て」が楽しくなるようかかわっていけたらと思います。

4章

医療的ケアの必要な子どもと生きる
～保護者の思い～

　同じ物事でも、立場や視点によってみえるものが違います。本章では、医療的ケア児を育てる保護者が、これまでと現在の社会状況のなかで、何を感じ、体験してきたのかを明らかにし、そこから学びたいと思います。

1 子どもとの暮らしをつくり、家族をつなぐ
宮副和歩さん

　ここでは、宮副和歩さんの子育て経験を紹介したいと思います。宮副さんは、2児の母親です。現在、長男は中学1年生で、次男のしんちゃんは小学5年生です。しんちゃんは、医療的ケアが必要なお子さんです。宮副さんは、長男の子育て、そしてしんちゃんのケアをしながらも、医療的ケア児が生きやすい社会を目指して、広い視点をもちながら、「全国医療的ケアライン」などの社会的活動も行っています。そんな宮副さんから、しんちゃんの子育て経験を聞くと共に、就学前支援について考えていることを聞きました。

1）しんちゃんが生まれてくれたこと

　しんちゃんはいつも笑顔いっぱいで、毎日を楽しんでいる元気な小学生の男の子です。医療的ケアとしては、人工呼吸器の管理やたんの吸引が必要です。そんなしんちゃんですが、お母さんのお腹の中では双子でした。しかし、双子特有の血流異常（双胎間輸血症候群*1）が起きてしまい、残念ながら一人は心肺停止となって亡くなってしまいました。そんなつらい状況のなか、もう一人も重い障害があるだろうと医師から言われ、帝王切開で生む前に、生まれた赤ちゃんをどのレベルまで助けるかという選択をしなければなりませんでした。夫婦で考えてみましたが、答えは一つしか浮かばなかったそうです。「生まれたときに、少しでも生きようと反応するならば、全力で助けてあげてほしい」そうお願いしました。そうしてしんちゃんは、がんばって生まれてきてくれました。

　しかし、しんちゃんは、お腹の中で脳梗塞が起きた状態になってしまっていて、大脳がほとんど形成されず、孔脳症という診断を受けました。生まれてからすぐは、医療的ケアは必要がない重症心身障害児として育っていました。寝たきりなので、てんかんや麻痺もあり、大変な育児ではありましたが、ミルクは飲めるので安心していました。しかし、離乳食への移行がなかなかできず、1歳過ぎからだんだんやせてきてしまったところ、風邪をこじらせてしまって、無呼吸発作を

WORD

＊1　双胎間輸血症候群（Twin-twin transfusion syndrome：TTTS）…一卵性の双子にのみ起こる疾患。二人の胎児は、同じ胎盤を共有しているため、お互いの血液は行き来しているが、その血流のバランスが崩れて発症する。

何度か繰り返してしまいました。「これはおかしい」ということで、精密検査をしてもらったところ、重度の気管軟化症になっていることがわかりました。そこで気管切開をして、人工呼吸器が必要になりました。離乳食への移行ができなかったことから、胃ろうもこのときに手術して付けました。

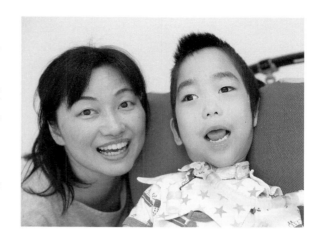

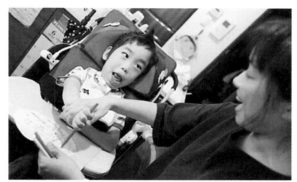

2）しんちゃんが在宅で生活するために

①訪問支援サービスの助け

　しんちゃんに医療的ケアが必要になったときから、居宅介護と訪問看護に入ってもらえるようになりました。ヘルパーには、兄の保育園の送り迎えのときに30分、その後、兄をお風呂に入れる間の30分、しんちゃんのお世話をしてもらいました。宮副さんが働いていないということで、認定されたサービス利用時間数は短かいものでした。

　訪問看護には複数か所に入ってもらい、最大2時間で週4日来てもらいました。呼吸器が付いているので、120分までみてもらえますが、常に宮副さんも介助者としてみなされ、一緒にお風呂に入れたり、その場にいなければならない状況でした。3か所の訪問看護のうち1か所だけが呼吸器の扱いに慣れていたので、1時間でお風呂に入れたら、残りの1時間「ママ、外出てきていいわよ」と言ってもらえたので、週1回1時間だけ、向かいのスーパーに走っていって、生活に必要な買い物をしていました。

　兄が小学校に入って、お迎えがいらなくなったところで、夕方のヘルパーに昼

間に来てもらうようになりました。そこで、ヘルパーと訪問看護の時間を1時間重ねてもらうように調整してもらい、その時間に二人介助でお風呂に入れてもらうようになりました。そのおかげで、宮副さんはもう少しゆっくりと買い物に出かけられるようになりました。

②相談できたところ

　しんちゃんがまだ胃ろうと人工呼吸器を付ける前の出来事です。医療的ケアは必要なかったのですが、大変な生活で、ヘルパーに来てもらいたかったので申請に行きました。けれども「3歳になるまでは、サービスを使えません」と言われてしまいました。そのとき、身体障害者手帳は1歳で発行してもらえたのですが、「みんなおむつだし、普通の育児と違いはないですよね？」と言われてしまい、サービスを利用できませんでした。「そんなはずはないだろう…」と宮副さんは思いながら、少し抵抗していたそうです。

　保育所も、兄が入った保育園に一時保育でも少しみてもらえませんかと相談しましたが、「首が据わっていないと難しいです」と言われ、断られてしまいました。預け先はありませんでした。宮副さんは、福祉事務所に相談に行っていましたが、とにかく3歳までは、手帳を持っていたとしても、ヘルパーなど福祉サービスを使えないと拒否ばかりされて、何も進めてもらえない経験をたくさんしました。宮副さんも福祉の仕事をしていたので、「そんなわけはない」とわかりつつも、そこを超えられないもどかしさを感じていました。もちろん一回で諦めずに何回も行きましたが、やはり窓口の対応は変わらずでした。

　送迎でも、タクシーが簡単には見つからなくて、上からリスト順に電話をしていかなければなりませんでした。そういったことが続いていくと、相談することにハードルを感じるようになってしまいました。「また断られるかもしれない、傷つくことを言われるかもしれない」と思うと相談できなくなっていきました。それ以外でも、日々交渉ごとだらけでした。ヘルパーや訪問看護との日程調整や、情報共有、兄のこともあります。宮副さんがいわゆるケアマネジャーの状態になっていて、疲れ果ててしまっていました。

③障害児通所施設

　宮副さんが住んでいる自治体には、3歳までは重症心身障害児を受け入れてくれる児童発達支援事業所がなかったので、東京都板橋区にある心身障害児総合医療療育センターのリハビリテーションに週2〜3回と、母子通園（児童発達支援）に週1回通っていました。3歳からは、区立の児童発達支援センターに、週4〜5日通う予定で準備を進めていましたが、ちょうど3歳で医療的ケア児になったことで、受け入れ不可と言われてしまいました。そのため、もともと通っていた

週1回の母子通園だけが、唯一、同年代のお友達と過ごせる時間でした。

3）学校に通うこと

①初めての学校生活

　宮副さんはしんちゃんが就学するにあたり、訪問教育[*2]ではなく、学校に通学させてあげたいと思っていました。母子通園の先生も「これだけ元気で、お友達にも関心があるのだったら、通学させてあげたいね」と言っていました。そこで、就学相談に向けて「ただ教育委員会と親が面接して決めるのではなくて、しんちゃんの療育の様子をみてもらおうよ」とか、「実際にかかわっている様子のなかで相談をしていこう」などと、作戦ではないですが、母子通園の先生と考えました。

　しんちゃんはとにかく学校が大好きです。初めての体験が多くて楽しいようです。学校に行って、とても印象深かったのが、朝の会で先生が、「これから朝の会を始めます」と言って、しんちゃんの名前を先生が呼んだとき、「はーい！」としんちゃんは返事をしました。宮副さんは、「返事した！」と、とても驚き、状況がわかるのだなとうれしい気づきを得ました。

②大好きな給食の時間

　学校では、給食の時間があって、しんちゃんはそこで給食というものを初めて食べました。よっぽど感激したのでしょう。朝の会のときに、「今日の給食のメニューを発表します」と先生が言ったあと、「うー」と反応しました。その後も、「ご飯」「うー」「おみそ汁」「うー」と。メニュー一個一個に全部「うー」と反応して、しんちゃんがとても楽しみにしているのが伝わりました。

　実は、入学前に訪問歯科[*3]の先生に来てもらって、栄養管理の相談や、給食を食べる練習をしていました。学校でも、注入メインでいこうかとも考えていたのですが、せっかくの給食ですし経験させてあげたくて、そこで、訪問歯科の先生に相談して、「食べる練習をしたので、食べることは大丈夫ですが、時間も限りがあり、たくさん食べられないので、最初の15分ぐらいだけ食べさせてくだ

WORD

＊2　**訪問教育**…障害や病気のために通学が困難な児童生徒が、特別支援学校に籍を置きつつ、自宅や入所施設等へ教員に訪問してもらって教育を受けること。

＊3　**訪問歯科**…通院することが困難な患者に対し、自宅に訪問して、治療や口腔ケアを行うこと。医療的ケア児にとって、日々、歯みがきなど口腔内をケアすることはとくに大切である。口腔ケアは、誤嚥性肺炎の予防にもつながる。また、口から食べるための摂食嚥下機能訓練や指導、相談も担っている。

さい。あと足りないようであれば、栄養剤の注入という形でお願いします」と一筆書いてもらいました。それを提出したうえで就学相談をしたら、「給食を食べてみましょうか！」と口から食べさせてもらえることになりました。一応栄養剤を持っていったのですが、食べる量がどんどん増えてきて、栄養剤の注入は結局必要ありませんでした。

４）保育の必要性

①子どもの世界の大切さ

　宮副さんが子どもと離れることができた時間は、訪問看護が来てくれて食料などの買い物ができる１時間だけで、あとは全部毎日一緒でした。３歳になって人工呼吸器を付けてからは、自宅で生活できるようにするために、一年ぐらいは、在宅生活をしていくためのサービスの調整など、生きていくための環境設定で精一杯で、しんちゃんの母子通園や保育について、努力する気力も体力もなかったそうです。今思えば、保育所などに入園して、いろいろ経験させたかったのですが、当時はもう諦めに近い感じでした。

　また、しんちゃんが母子通園に通い始めた頃は、刺激に過敏だったせいもあり、親以外は受け付けないような子でした。これでは社会性が育たないなと思ったので、母子通園の先生に相談して、積極的にかかわってもらいました。週に１回だったので、先生にようやく慣れる程度でしたが、しっかりお友達のことをわかっていました。ある日、お友達が全然いなくて、大人ばかりに囲まれていた日がありました。そしたらきょろきょろして、「なんで誰もいないんだろう！」という顔をしていたのです。「ごめんね！今日〇〇ちゃんと〇〇くんおやすみなのよ」と伝えると、「はーっ」とため息をつきました。やっぱり子ども同士、年代みたいなものを感じる何かがあるんだなと、親としても大事だなと思うようになったそうです。

②幼稚園にこそ受け入れてほしい

　医療的ケア児を公に受け入れますと言っている幼稚園は、現状では少ないです。相談をしに行った母親達もいますが、やっぱり無理ですと断られたりしている状況です。広く幼稚園の現状をみれば、少子化で定員割れがどんどん進んで、経営が難しくなっているところもあるので、幼稚園こそ受け入れてもらいたいそうです。

　また、「働きたい」かどうかというのは個人の希望であったり、経済的な状況もありますが、とくに子どもに手厚いケアが必要だと、ケアが24時間続くので、働くことは実は辛いです。たとえ日中預かってもらうにしても、その間働けるか

というと、夜のケアの疲れで「まずは休ませてよ」という気持ちになります。宮副さん自身もそうでした。そのような現状をふまえると、働いていることを前提とする受け皿ではなく、子どもの育ちや教育を考えてくれる施設こそほしいところです。ですので、幼稚園にはそういう受け皿になってもらえたらすごくうれしいし、教育機関ですから、親身になってくれたらすごく心強いです。今、保育園でも、働いていなくても受け入れたほうがいいのではないかという議論が出ていますが、そういうふうになったとしたら選択肢の幅が広がるので、それはもう大歓迎だそうです。

③並行通園が理想的

　療育センターには週1回90分、母子通園で行くことができてはいましたが、短いと思っていたそうです。昼食の時間があるわけでもなく、行って1時間半遊んだら、「じゃあまた来週ね」というように終わってしまう形でした。せめて幼稚園と同様、昼食もあったり、もう少し遊ぶ時間もあったりという経験をさせたいなということを宮副さんは思っていました。

　ただ、保育園に普通の子どもと同じような形で預けたかったかというと、それは半々の気持ちだったそうです。お友達とのかかわりという意味ではよいのですが、しんちゃん自身、身体の緊張がすごく高いタイプの麻痺だったので、日々の姿勢や適宜休憩をとるなど、リハビリ的な動き方など、気をつけてやっていかなければならない部分がありました。それがもし普通の保育園に行ってしまうと、その時間をとることが難しくなってしまいます。ですので、できるのであれば、母子通園にも通いながら、週に1回保育園や幼稚園などでお友達と遊ぶというようなことをできていたら、もっとしんちゃんにとってよい環境だったのではないかなと思うそうです。

5）ショートステイの大切さ

①普段使いのショートステイが必要

　医療的ケア児の保護者が全国各地で必要性を最も訴えていることの一つに、ショートステイの充実があります。しんちゃんの場合は、寝たきりで、人工呼吸器を付けているので、24時間のケアが必要です。宮副さんや夫の体調管理（特に睡眠時間の確保）のためには、日中だけでなく、夜間を含めた預かりが必要です。「昼間に訪問看護が来ている間にお昼寝したら？」と言われることもありますが、昼間にしかできないこと、例えば銀行に行く、役所に行く、きょうだいの用事、買い物などがあるので難しいのです。とくにきょうだいがいる場合には、仕事の有無にかかわらず、日中の支援だけでは親の休息がとれる状況にありません。

②きょうだい支援はやっぱり大事

　医療的ケア児のきょうだいにとっては、日頃はどうしても障害のある子どもや医療的ケアの必要な子どものほうが優先されてしまっている現状があります。毎日のなかで「今の時間は自分を大事にしてくれている」と感じさせてあげたいのですが、どうしてもケアなどに追われて、そうできない現状が続いています。長男としっかりかかわれる時間をとりたいのですが、そのためには、例えばしんちゃんを数日ショートステイで預かってもらって、長男と遊びに出かけることなどができればいいなと宮副さんは思っています。

　そこで宮副さん家族は、世田谷の国立成育医療研究センター内にある「もみじの家」に半年に1回、家族全員で行くことにしてきました。もみじの家は医療型短期入所施設です。家族旅行にも行けない長男の非日常体験、思い出づくりが主な目的です。ここを拠点に、みんなで家族風呂に入ったり、日中はしんちゃんをみてもらいながら、宮副さんと夫、長男の3人で近所の映画館に映画を観に行っ

もみじの家での家族の様子

たり、遊びの拠点にするという使い方をしています。このようなことができるところが、もみじの家しかないので、少し遠いですがみんなで行ってしまえば楽しいです。あるとき長男が、「もみじの家は第二の家みたいなもんだね！」とつぶやいていたのが印象的だったそうです。

③本人の成長発達と養育環境のアセスメント機能

　ショートステイを利用することで、第三者が医療的ケア児とその家族の状況などに介入することができます。医療的ケア児の家族の現状として、家に親がいるなら大丈夫だろうと、居宅介護の利用がなかなか認められない状況です。しかし、家に親がいたとしても、家事やきょうだいの世話などを行おうとすると、常に医療的ケア児に目を配ることは難しいです。重症心身障害児でなくても、例えば動ける医療的ケア児は、安全のために、親は常に子どもを追いかけ続けなければならないので大変です。寝たきりの子は、危険は少ない一方で、ケアの時間以外は親が常に子どものそばにいてあげることは難しく、子どもはひとり天井を見続けていたりします。

　決して親の愛情が薄いわけではないのですが、親はケアに翻弄され、実質的な

かかわりは、本来の子どもの成長発達を考えると、マルトリートメントと言われても仕方がない状況だったりもします。それは親自身も気づいていないかもしれませんし、世間もあまり知らないことだと思います。ショートステイは、親の休息のためにもありますが、医療的ケア児にとっては、他者と出会えて、かかわりがもてる大事な機会です。そして専門職のほうが、家族の会話や表情から、「あれ？」という気づきや、家族が知らず知らずに抱えこんでしまっている悪循環や困りごとに、客観的に気づくことができるチャンスでもあります。ソーシャルワークの世界でいうアセスメントです。

　ただ順調に医療的ケア児の体重が増えて、体調さえ安定していればそれでよいという状況から、変わっていく必要があります。健常の子どもと同じように、医療的ケア児であっても、子どもに必要な、心の成長や社会性の発達などを大事に考えてくれる世の中になってほしいと、宮副さんは強く望んでいます。

6）経済的な不安

　宮副さんは、しんちゃんの健康を保ちながら生活ができるということが大前提ですが、その健康状態を保つようなケアをしながら預けることができるのであれば、預けたい気持ちがありました。宮副さんのなかでの一番の悩みは、実は経済的な問題だったそうです。働けない状況がずっと続いたうえに、しんちゃんに医療的ケアが必要になって、生活上の移動にタクシーを使わざるを得なかったり、住宅環境をあわてて整えたりなど、出費がかなりありました。しんちゃんは重症心身障害児と認定されていたので、重度心身障害者手当は出ていましたが、医療的ケア児としてもらえる手当はないので、経済的な苦労や不安が、どんどん募っていきました。

　宮副さんは、しんちゃんが生まれる前は、システムエンジニアを経て、再び大学に入って社会福祉を学び、医療ソーシャルワーカーとして勤めたり、社会福祉協議会に勤務したりと、福祉の仕事をしていました。しかし、しんちゃんのケアが必要になったことで、働くことができないという状況が続いています。宮副さんは、自分のキャリアの問題より、経済的な不安から働きたいと話しています。

7）医療的ケア児の保護者としての
　　ソーシャル・アクション

①「板橋区医療的ケア児親の会」の立ち上げ

　しんちゃんに医療的ケアが必要になってから、いろいろな情報がほしかったり、どうしたらよいかわからなかったりしたので、いくつかの障害者団体に連絡をと

りました。しかし、そもそも自治体の担当者にすら、まだ「医療的ケア」という言葉が通じない状況があり、なんとかしたいと、もやもやした思いは続きました。そこで2017年11月、「板橋区医療的ケア児親の会」を立ち上げました。発足当初は5組のメンバーで、現在は28組いる会です。

　まずは資料をつくって、自分達の困りごとをまとめて、区内の議員回りをしていきました。議員に丁寧に説明をしていって、勉強会も開いたりしました。医療的ケア児についてよくわからないという議員でも、支援の必要性を伝えることはでき、反対はしないという形にもっていくことができました。反対する党がいないという状態をつくれたことが大きかったそうです。その後、より積極的にプランを組んでくれる議員や行政の協力を得ながら、予算案をつくってもらいました。そういう流れをつくることは、個人で動くのではなく、この医療的ケア児の会をつくったことでできたことだと宮副さんは思っています。

　この働きかけで、2018年から「重症心身障害児（者）在宅レスパイト事業」を板橋区で実施してもらえるようになりました。さらに、板橋区での医療的ケア児の保育所入園が、2021年に実現しました。現在2園で医療的ケア児枠が設けられています。やはり受け入れてくれることは、すごくありがたいそうです。行き場のなかった子ども達が行けるところができたということで感慨深かったと宮副さんは話していました。

②「東京都医療的ケア児者親の会」の立ち上げ

　宮副さんは2019年に、都内各地で活動していた保護者と共に「東京都医療的ケア児者親の会」を立ち上げました。特別支援学校に子どもがいる間、保護者は医療的ケアの介助のためにずっと学校で待機を求められる状況や、通学バスに医療的ケア児は乗ることができないといった現状をなんとかしなければと動き始めた時期でした。そのため、親の会は、これらの要望をメインに掲げて設立されました。

③「全国医療的ケアライン」（アイライン）の立ち上げ

　宮副さんは2022年3月に「全国医療的ケアライン」（通称アイライン）というネットワークを設立しました。基本的に各都道府県の家族会の活動がメインで、それらの活動をつなぐネットワークという形です。SNSで窓口の人達がつながったり、全国共通のオンラインサークル活動をしたり、永田町子ども未来会議などに要望をまとめて提言したりしています。サークル活動は、例えば学校の話題について話し合うサークル、災害のことについて話し合うサークル、ショートステイについて話すサークルなど、トピックごとにオンラインサークルをつくって話しています。

④大切にしていること

　医療的ケア児は、医療的ケアという共通点がありますが、一人ひとりの状況やニーズは本当にばらばらです。重症心身障害児については、ある程度様態の枠組みがありますが、医療的ケア児は幅広いので、そもそも統一しようと思わないようにしています。そのうえで、今回はこの部分、次回はこの部分といったように、困りごとの優先度をつけながら取り組んでいます。

　しかし、絶対にぶれてはいけないのは、子どもが中心だということです。親をサポートするようなサービスや制度は必要ですが、それはあくまで子どもを守るために家族を支えるもの、そういう意味での親のサポートであるということは、絶対にぶれないようにしなければならないと宮副さんは思っています。

　医療的ケア児支援法には親に対する支援も明記されていますが、それをメインにすることは、宮副さんはしないと話しています。その芯のぶれなさをつくってくれたのは、社会福祉の専門性と自分の親としての経験だそうです。

8）ソーシャル・アクションへの
　熱いエールと共に

　宮副さんと筆者は、大学院時代同じコースで学んでいました。その後、たびたび偶然が重なり、地域福祉や医療的ケアというフィールドで再会してきました。優秀な方だとお見受けしていましたが、しんちゃんを育てるなかでも、自分の生活地域全体や、より広い都道府県、そして全国の医療的ケア児保護者をつなげる活動をしていて、尊敬の念を抱かざるを得ません。今、医療的ケア児のためにも、しなやかな温かい地域体制を各地につくっていこうとしているなかで、宮副さんの存在は欠かせません。客観的に現状をみながらも、当事者の生の声や状況を適切に届けるという、大事な調整役を担っているからです。

　客観性を保ちながらニーズをとらえ、感情的にならず、要望を適材適所で提言している姿は、親の立場にありながら、ソーシャルワーカーとしての姿勢そのものです。そしてソーシャルアクションを効果的・効率的に実行し続けるその姿は、宮副さん自身も話しているように、今までつちかわれた知識と経験から導き出されているのだと思います。これからも友人である宮副さんにエールを送り続けたいと思います。

2 ひとりの子どもとして
保育してほしい
～加藤さん（仮名）の願い～

　加藤さん（仮名）は長年、保育者として、子どもの保育、とくに特別な支援を必要とする保育に携わってきた人です。息子のゆうすけくん（仮名）が医療的ケアを必要とする部分があり、保育園に入れるまでも、また今後の保育に向けても、さまざまな困難がありました。その歩みと加藤さんの現在の思いを、そのまま語ってもらいました。

1）ゆうすけくんのこと

　ゆうすけくんは 2023 年現在、3 歳の男の子です。実は確定診断が出たのが、3 歳になってからで、最初に異変に気づいてから診断が出るまでに大変長くかかりました。1 歳ぐらいまでは、ずりばいも出ていて、発達はちょっとゆっくりかなと思っていたそうです。1 歳を過ぎたあたりで、座っていたところ、いきなり倒れたり、それまでなかった眼振[*4] が出てきたりということがありましたが、その頃、ちょうど加藤さんの夫、ゆうすけくんの父親が重い病気で入院していたので、子どもも少し不安定になっているのかなと加藤さんは思っていました。ところが、退院してきた夫がゆうすけくんの様子をみて、入院前とは明らかに違うというので、かかりつけ医に行ったところ、すぐに大きな小児専門病院の神経内科に紹介されました。その後、さまざまな検査をするものの、なかなか確定診断に至りませんでした。

　3 歳の夏に検査入院をして、ようやく確定診断が出て、日本で 20 人ほどしか報告されていない難病ということがわかりました。一般的には発達の退行が認められる疾患ですが、その退行の程度や内容も個人によって大きく異なるため、今後の成長発達の様子の予測が立ちにくいということです。

　ゆうすけくんは、1 歳前あたりからミルクの飲みが悪くなり、体重も減ってきてしまったので、1 歳 5 か月で経管栄養になりました。その後は食べたり食べな

WORD

＊4　眼振…自分の意思とは別に、眼球が小刻みに動いたり、揺れたりすること。

かったりを繰り返し、食べたとしても少量なため、液体以外は口には入れてもほぼ飲み込まなくなり、経管栄養が続いています。基本的には朝と夜に注入するため、昼間は実質的に経管栄養の操作は必要ありません。ただ、経管栄養はあまり長く続けることが好ましくないため、医師から胃ろうにする話もされたことがあり、現在は様子をみているところです。

　退行の症状に関しては、現在はとくにみられず、普段はバウンサーで座位がとれたり、大人が後ろから支えると、お座りしながら盛んに物に手を伸ばします。精神的にはとても発達してきており、周りの物や人への関心、動きたい気持ちも育ってきています。

2）受け入れてくれる保育園を求めて

　実は加藤さんの夫が、ゆうすけくんが1歳半の頃に、闘病の末亡くなりました。ですので、加藤さんは夫の闘病や逝去、そしてゆうすけくんの当時まだ原因不明の病気との闘いが同時並行の日々を送っていました。

　加藤さんには、夫のことで精いっぱいで、なかなか思うようにゆうすけくんのことに気持ちも手もかけてあげられなかったという思いがあり、夫が亡くなったあと、しばらくゆうすけくんはどこにも預けずに、ふたりで生活しようと思っていました。しかし、2、3か月経つうちに、ゆうすけくんと一緒にいると、やらないといけない手続きなどもなかなか進まないなど、加藤さんも苦しくなってきて、「ずっとこのまま1年間、ふたりでいるっていうのは限界かな。ふたりきりの生活っていうのが、子どもにとっても、私にとってもよくないな」と思うようになりました。

　そこで保育を求めて最初に相談したのが、以前から気にかけてくれていた地域の保健師でした。子どもを預けたいという申し出をしたら、すぐに児童発達支援事業所を紹介してくれました。ところがそこに通えるのは週に1日だけで、環境に慣れにくいゆうすけくんにはその条件は合わないと加藤さんは思い、また、ひとり親家庭のため働きにも行きたいので、保育園入園の希望を保健師に伝えました。

　ところが、児童発達支援にはすぐに動いてくれた保健師が、保育園入園には思うようには動いてくれなかったため、加藤さんは自分で自治体の管轄課に行きました。しかし、ゆうすけくんの様子を伝えると別の課を紹介され、別の課に行くともう一度保育の管轄課に戻されるという、いわゆるたらいまわし状態になりました。加藤さんは困って知人に相談したところ、自治体のある市議が、医療的ケア児に優先的保育枠を、と主張していることを教えてもらい、その人に直接連絡

をとりました。そしてたらいまわし状態であることを伝えると、ようやく自治体のなかで窓口をどこにするかが決まりました。しかし、当時まだ医療的ケア児等コーディネーターが自治体にいなかったので、結局加藤さん自身が、保育を求めて一園一園連絡をとって問い合わせるしかなかったそうです。公立園も障害児枠が空いておらず、看護師を配置しようにも看護師の手配ができないと言われました。

３）現在の園と出会う

　八方ふさがりの加藤さんでしたが、たまたま近くの定員12名の小規模な乳児保育園が、地域の寄合所のようなところで運営されていたので、そこにゆうすけくんとふたりで遊びに通っていたところ、保育園に入れず困っている加藤さんのことを気にかけてくれたその保育園の先生が「昼間に医療的ケアがないんだったら受けてあげようか」と言ってくれました。この寄合所はとても温かいところで、高齢者のデイサービスもあり、地域のボランティアの人や小学生などもたくさん集まってきて、ぱっと見には、誰が保育者かもわからないようなところです。ゆうすけくんは、とても敏感な子どもで、母親以外の人に対しては泣くことが多かったので、慣れるまでは長い時間がかかりましたが、「だんだん慣れてきて、やっぱりそれが何か心地よくなって、うれしくなってきていて、今周りに誰がいるんだろうというので、すごくきょろきょろしたり、ちょっとやりとりしたりみたいなところが出てきたみたいなんです。たぶんほかのお子さんと同じように、かかわってくださっているんだと思います」と、加藤さんはうれしそうに話していました。

　「とにかくそれぞれが好きなことをしている。好きなときに寝ているし、ご飯も食べて、みんなで一緒にっていうのはないんですね。おやつの時間でも、寝てる子もいたりするくらいで、本当にそれぞれのペースをすごく大事にしてくださるので、本人は全く無理することなく、居心地よく過ごしていると思います」

　「ベビーカーで散歩に行ってるのかな。泣いたときなんかも、デイサービスのおばあちゃんが『泣いてるから私が散歩に連れて行ってあげるわ』と言って、連れて行ってくださったりもするので、たぶん本当に、本人に合わせていただいているんだと思います」

　「うちの子よりたぶん下で、１歳児の女の子がいつもうちの子のところに来てくれていて、うちの子は、あおむけで過ごすことが多く、普段はごろごろ、布団の上にうちの子が寝転がっていた、そうすると、その女の子があおむけでこうやって本読んでくれているんです。子どもっておもしろいな。一緒に見ようと思った

ら考えて、自分で読ませるんじゃなくて、一緒に隣でこうやってごろんってなって、一緒に見たいと思ってくれるんだなというのは、すごくうれしく思っています」

こんな園生活を送っているゆうすけくんは、毎日とても満足した顔で帰って来ます。敏感で母親以外の人間には泣いていたゆうすけくんが、スタッフやほかの子ども、高齢者とのやりとりをとても楽しんでいます。ほかの子どもとは物の取りあいもして、負けじと引っ張ったり、取られて泣いたり、対等に主張しあっています。加藤さんは、ゆうすけくんが求めていたのは、まさにこのような、さまざまな人とかかわりながら過ごせることだったのかなと思っています。加藤さん自身も、そうしたゆうすけくんを見てとてもうれしく感じています。ゆうすけくんを保育園に預けて、保育の仕事に復帰するかどうかを迷いましたが、自分自身も社会とのかかわりの機会や、自分自身の時間をもてる現在の生活をとても充実したものとして大切にしており、そうした機会を与えてくれた保育園に大変感謝しています。

4）保育園側の不安

ところが、3歳の夏に、ゆうすけくんは初めてけいれん発作を起こして、自宅から救急車で運ばれました。その後高熱が出て、結局流行りの風邪だということがわかり、保育園を休みましたが、治癒証明を持って登園した日の帰りに「園には看護師もいないし、けいれんが起きるお子さんはやっぱりちょっと心配なので、明日からは預かれません」と保育園側から言われてしまいました。

困った加藤さんは、ちょうどその頃ようやく配置された自治体の医療的ケア児等コーディネーターに連絡をとりました。加藤さんは、コーディネーターは親の意向、つまり現在の保育園に入園したままでいられる方向性を探ったり、ほかの園に転園する方策を探ってくれるものと考えていました。しかし、コーディネーターにとっても、保育園継続や転園の壁は厚く、看護師も探せないと管轄課に言われてしまったため、コーディネーターは児童発達支援事業所の入所に向けて動こうとしたのです。

そこで加藤さんは、「じゃあ私は、言い方が悪いですけど、仕事もできなくて、子どもとふたりでずっと家にいて、行政にも見捨てられたなと思うし、コーディネーターにも見捨てられたなって思います」と訴えました。コーディネーターはそれを聞いて、再度保育園継続に向けて奔走してくれたようです。

これらは2日間ぐらいのやりとりでしたが、そのようなやりとりがあったあと、元の保育園から、「ごめんね。やっぱり考えたら心配だから、明日から受け入れ

ます」と言われたので、現在もその保育園に通っています。

　今回のことで加藤さんは、改めて園と共に考えていく必要を感じました。

　「どの子にもけいれんもけがも考えられることで、保育は何があるかわからない、命を預かる仕事よね。障害のある子もない子も、一人ひとり配慮は違って、一人ひとりに合わせた支援が必要という思いは園も同じなので、信頼しているのですが、今回の件で、やはり医療的ケアがあるから特別なのかな、特別に心配と迷惑をかけているのかなとも感じました」

　このことがあって、保育園はとても不安に思いながら受け入れてくれているということが明らかになったため、加藤さんはコーディネーターを通して、自治体に保育園の抱えている不安について報告し、そこに対して、自治体として園をどのように支援してくれるのかという問い合わせをしました。その結果、自治体と園で話し合い「保育所等訪問支援[*5]」を利用することになりました。現在は看護師や作業療法士が月4回園を訪問し、園と一緒になってゆうすけくんのことを考えてくれています。

5）次の保育園に向けて

　ゆうすけくんの通っている現在の保育園は乳児保育園のため、3歳児クラス以上は別の保育園に移る必要があります。加藤さんは来年度に向けて、管轄課からは今年の1月、つまり前々年度の1月から動いてくださいと言われたので動きました。当時はまだ自治体のコーディネーターもいなかったので、基本的に親が自分で動くしかなく、また一園一園電話で問い合わせてみました。ある園からは「お母さん、保育園に入れるなんてかわいそうよ」と言われたこともあるそうです。

　いくつかの園で話もほぼ聞かれずに断られましたが、医療的ケア児の保育に向けての自治体の協議会に参加している園が積極的に受けてくれたため、来年度からはその園に通う予定になっています。

　また、前述の市議が言っていた、「医療的ケア児の入園を優先する」という提案は、「不平等だ」という反対意見があり、現在も実現していません。医療的ケア児であろうとなかろうと、ある一定以上（最低月に48時間以上）は仕事をしているという実績がないと、そもそも入園のための要件さえ満たせません。とこ

ＷＯＲＤ

＊5　**保育所等訪問支援**…障害のある子どもの地域生活を保障するために、幼稚園や保育所、学校等の子どもの居場所に療育・発達支援の専門家が訪問して個別の支援をする事業。

ろが、加藤さんだけではなく、医療的ケア児を育てながらその要件を満たすことは至難の業です。ゆうすけくんは今現在、園で経管栄養の操作をしていませんので、家庭でその時間を確保しないといけないことから、9時から16時の保育時間にしています。仕事は一日実質4時間半だそうです。そのうえ、ゆうすけくんが発熱したり体調を崩すことが多く、48時間の仕事時間を確保することができなくなった月もあります。すると自治体から、それなら子どもを病児保育室に入れて働きなさいと言われたので、加藤さんは病児保育にあたりましたが、医療的ケア児を受け入れる病児保育室がなく、自治体に相談しても「それなら自分で探してください」と言われました。この件に関しては、その後のコーディネーターを入れての話し合いの経過のなかで、受け入れ可能な病児保育室がないのに要件だけがあるのはおかしいということが認められて、加藤さんに関しては、48時間の仕事時間の要件は免除されたということでした。「でも、たぶんそれは何度も私が主張しなければ、できなかったことだと思うんですよね。だから結局、やっぱり困っていることは、言わなきゃいけないんだなっていうのは、強く思いました」と加藤さんは言います。

6）孤独におかれる親

　加藤さんの話によると、ある公開された情報から、同じ自治体に30人の医療的ケア児がいるということを知ったそうです。加藤さんはその人達とつながりたいと思って、前述の保健師に自分達の情報も伝えてもらってよいので、つながってもよいと言ってくれる家庭を紹介してくれないか頼んでみました。しかし、個人情報の点からそれはできないし、そういう役割はとっていないと断られました。そして、そういった仲間を得たいのならば、児童発達支援に通うように勧められました。加藤さんは、親が仲間を得たいために子どもを児童発達支援に通わせるのも本末転倒かと思い、通わせていません。結局、同じ自治体のなかで仲間を得られる手段は今のところありません。ほかの園に「医療的ケア児が通っていますか？」と問い合わせてみても、やはり個人情報の点から教えてもらうことは不可能なことのようです。

7）親としての思い

　最後に、このような経験を通して、親として感じることを聞いてみました。

　加藤さんの口から出てきた言葉は、「とにかくどこでも要望が通らないことを『仕方ないよね』とすぐに言われてしまう」ということでした。加藤さん自身、最初のうちはそう言われて「やっぱりそうだよね」と思ってしまっていました。

でも、知り合いの人に、「それって差別だよね」と言われて初めて「そうなんだ」と。つまり、ひとりの子どもとして、ほかの子どもと同じ当たり前の「保育園を選ぶ、保育園に入園するスタートラインに立つ」権利をないものとされているんだということに気がつきました。

「私自身、幼稚園で支援が必要な子どもの加配保育者として働いていて、今は3人の子どもの支援をして、その子ども達の個別支援計画を立てています。その子ども達だって、別に特別じゃないっていうことを普段よく知っているのに、親の立場になると『ほかの子より手がかかる、お世話になっている、迷惑だよね』って思っちゃうんです。この気持ち、いつかはぬぐえるのかな。どこに行っても『すみません』って言っちゃうんですよね。立場として自然に出てしまうんです」と加藤さんは言います。

それと共に、「自分から言わないとわかってもらえないし、周りは変わらない」ということも身に染みたそうです。味方だと思う人、味方になってほしい立場の人に最初はなかなかわかってもらえない、味方になってもらえない。そして、同じような悩みをもつ仲間にも出会えない。ある保育園の園長先生には「普通はそこで泣き寝入りなんだよね」と言われたそうです。

加藤さんに、「来年春に入園する予定の次の保育園に求めるもの」を聞いてみると、「ひとりの3歳児としてかかわってもらいたいです」という言葉が返ってきました。「医療的ケア」や「病気」をみるのではなく、ほかの子どもと対等なひとりの子どもとしてみてほしい。そして、保育者がいつもほかの子どもと接するように、ゆうすけくんの思いや生活、人生に寄り添ってほしい。加藤さん自身が専門性の高い保育者であるからこそ、そうした思いは深いのではないかと思いました。

8）加藤さんと自治体の変化

加藤さんが保育園入園に際してこの3年間に経験してきたことを、あくまでも加藤さんの視点に立って書いてきました。

夫を亡くしてしまった加藤さんに寄り添ってくれた保健師。ゆうすけくんに医療的ケアが必要でなければ、どの自治体でもひとり親の加藤さんの就労に向けて、この保健師も保育の管轄課も各保育園も動けたのではないかと思います。しかし、そこに「医療的ケアが必要」という壁が大きく立ちはだかり、保健師は児童発達支援の枠組みのなかでの支援を始めます。しかし、それは客観的にみても理解できるように、当時の加藤さんの思いにも、加藤さんとゆうすけくんのおかれた状況にもそぐわない方向性でした。もちろん、それはこの保健師の誤った判断など

ではなく、そもそも自治体の保育システムが、当時ゆうすけくんのような医療的ケア児の入園を求められる段階になかったということですし、そのことは、その後の医療的ケア児等コーディネーターが同様に、児童発達支援事業所の入所に向けて動いたことでも理解できます。つまり、保健師やコーディネーターの判断には、加藤さんが保育を求めていることは理解できても、実質的に保育園に入れる余地がない「仕方ない」という状況だったと思われます。加藤さんは、この「仕方ないよね」という文言をさまざまなところで言われたと述べていますが、この「仕方ない」は保護者の視点ではなく、周りの人達の視点です。週に1日の児童発達支援では、慣れにくいゆうすけくんにとっても望ましくなく、加藤さんのおかれた状況にとっても、それでは働けないということは自明であった方向性が、「仕方ない」と言われてしまう事態でした。最初は加藤さん自身も「仕方ない」と言われると、周りの人達の目線で、「仕方ないよね」と思ってしまったと述べています。しかし、そこである人に会って、加藤さんは「それって差別だよね」と言われ、ゆうすけくんが医療的ケアを必要としていることによって、誰にでもわかる加藤さんとゆうすけくんが保育を必要とするその権利が保障されていないのだということに、加藤さんは気づきます。そこから、加藤さんの「仕方ない」からの脱却が始まり、保護者の視点を周りの人に伝えていく努力が一層深まりました。

　加藤さんは、現在のゆうすけくんの通う保育園に大きな信頼と感謝を寄せています。だからこそ、ゆうすけくんがけいれん発作を起こして、保育園からの登園がいったん止められたときに、大きなショックを受けました。しかし、それは保育園の無理解などではなく、せっかく受け入れてくれた保育園でも、ゆうすけくんのような医療的ケア児の保育には大きな不安が実は伴っていたこと、そうした園の不安に対して、周りの支援体制が何もないことに気がつきました。そして、自治体、つまりシステムに働きかけようとし始めています。

　当初、加藤さんの思いやおかれた状況とはかなりのずれがあった自治体の対応でしたが、それでも諦めずに加藤さんが訴えていったことで、この自治体は大きく変わっていっています。もちろん、そのどれもが加藤さんとのやりとりだけで生じたことではないでしょう。30人いるという、自治体のなかのほかの医療的ケア児を育てる保護者も、同時に動いていたのかもしれません。そうした声と自治体の職員の熱意が、少しずつ実態を動かしていったのだと思います。その動きをまとめてみます。

143

・医療的ケア児の保育を管轄する窓口が一本化された：これは加藤さんのお話にあったように、ある市議の働きかけも大きかったようです。このおかげで、たらいまわしはなくなりました。
・医療的ケア児等コーディネーターが配置された：親が困ったときに、第一に相談できる人ができたということは大きなことです。
・保育園入園の措置要件である「月に48時間の労働条件」は、加藤さんに関しては免除された。
・医療的ケア児のための地域の協議会が実質的な動きを始めた：これは以前から始まっていたのかもしれません。このおかげで、加藤さんは次の園を見つけることができました。
・保育所等訪問支援を使って、園に看護師が訪問できるようになった：園の不安に対して、医学的な見地から相談できる人材が確保できたことは、加藤さんにとっても園にとっても大きな安心につながりました。

　さまざまな関係者に医療的ケア児の支援についてお話を聞くと、「保育園年少クラスのときから、次の小学校での支援についての協議を始めるように、保護者は働きかけないといけない」と、皆さん、同様に教えてくれました。加藤さんも3歳児からの園を求めるために、管轄課から言われて、その前々年度の1月から準備を始めています。そして、来年度新しい園に年少クラスで入園したら、すぐにでも小学校入学に向けての加藤さんの働きかけが始まるのでしょう。

　人の意識もシステムも変えることには大きなエネルギーと長い時間がかかります。しかし、加藤さんにかかわる人達は、加藤さんの思いを切実に感じ取り、関係者間で加藤さんの視点を共有することで、個人としてではなく、ネットワークやシステムをも少しずつ変えていきました。家族と子どものニーズに対して、自治体として何ができそうかの可能性を探る、「仕方ない」から脱却して、家族の視点をもつ、そうしたきっかけを、どの自治体や関係者にもつかんでもらえればと思います。

5章

これから広がる社会
～医療的ケア児も含めてインクルーシブ保育を中核とした地域社会の変革に向けて～

　今一度、「医療的ケア児」の保育現場での受け入れについて振り返り、受け入れが進まない要因、受け入れ可能になる要因を整理します。自分達の園では、どのように医療的ケア児やその家族のことを理解しているのか、このあと一歩を踏み出すためにどのようなことが必要か、考えるヒントにしていただければと思います。

1 本書の成り立ち

　最初に、改めて本書の企画趣旨とコンセプトについてまとめます。

　本書の筆者である市川と仲本は、2019年にスタートさせたインクルーシブ保育に関連する共同研究のなかで、いくつかの医療的ケア児保育実践の実りの大きさを知り、一方では医療的ケア児の保育のニーズがありながら、現場での実践に結びついていかない現実とも向きあっていました。田中は、社会政策、児童家庭福祉の専門家として、厚生労働省において、医療的ケア児支援制度の立案の主担当という立場でした。この3人の共通の思いは、医療的ケア児の保育、ひいてはどの子どもも地域で一緒に育ちあうというインクルーシブな保育・教育と、それが地域社会を変えていく、その素晴らしさを描き出したい、伝えたいというものでした。そして、全国の、医療的ケア児の保育・教育に踏み出そうとしている保育者、自治体の管轄課の人達、その他関係者や保護者の背中を少しでも押すことができれば、という思いで、本書を企画しました。

　医療的ケア児支援法が制定される前後より、医療的ケア児の実態を解説した書籍や、必要な医療的ケアの内容を詳説した書籍等、丁寧な解説書は多く出版されてきました。また、「保育所での医療的ケア児受け入れに関するガイドライン」が2019年に、「保育所等での医療的ケア児の支援に関するガイドライン」が2021年に策定されています。これらは、医療的ケア児の保育・教育に際してどのような準備が必要か、どのような保育になるのか、どうしたらよいのかを、モデル事業による実践をふまえながらわかりやすく解説したもので、これらによっても、医療的ケア児の保育の実践に向かえた保育現場はたくさんあったのではないかと思います。

　しかし、筆者には「やらなくてはいけないことはわかっている」「やるべきことも勉強してきた」「でも…」という逡巡が、数多くの保育現場にも管轄課にもあるような気がしていました。「やろう」「やりたい」「やってみたい」というような情熱ないし前を向くエネルギーのようなものがもてないだけでなく、医療的ケア児支援法の成立は認識したものの、その制度を、自らの現場のこととして実践に落とし込むために深い理解をしようとするところまではなかなかいけない現場も多いように感じられました。

　保育者や教師にとってみれば、「医療」という、これまでは業務上あまり重ならないと感じていた知識や連携が業務に入ってくる、そして、新たな園づくりも必要となるだろう、これはやはり、一つの単独の園の努力だけではなく、法律や

政策に基づいた新たなシステムづくりを推し進めるだけの地域社会の連携と、それを推し進めるエネルギー、強い思いが必要です。

　「こうしたら医療的ケア児の保育はできる」などということは、簡単には言えません。でも、どのような子どもも、その子どもならではの豊かな世界をもち、保育者やほかの子どもとの交流のなかで幸せを感じ、成長する姿をみせてくれる、その子ども達の育ちあいの姿が、また周りの大人達や地域社会全体を変えていってくれる…、そうしたインクルーシブな世界の広がりを、本書で読者の皆さんが体験してくれること、それが皆さんにとってのエネルギーに転化することを目指しました。

2 なぜ保育・教育現場で医療的ケア児の受け入れがなかなか広がらないのか

　1章にあるように、医療的ケア児支援法は非常にスピーディーに制定され、2021年に施行されました。その動きに、各自治体も保育・教育現場もなかなかついていけずにいる実態があるように思います。それはなぜなのか、本書を振り返りながら簡単に整理してみます。

1）「知らない」ということ

　この「知らない」のなかには2種類のものがあります。1つ目は、医療的ケア児とその家族の生活や思いが知られていないということです。1章で紹介した、2020年3月に発表された「医療的ケア児者とその家族の生活実態調査報告書」（厚生労働省令和元年度障害者総合福祉推進事業）をもう一度みてみましょう。家族が24時間の看護をしており、だから夜も十分に眠れたためしもなく、家族が自身の健康を気遣う余裕もなく、家族一緒に外出もできない…。こういった生活を何年もしている状況というのは、この項目をみてもなお、なかなか想像もしがたいものです。しかし、「知らない、想像もできない」というのは、一般の人達だけのことではありません。4章で宮副さんが、福祉事務所にかけあっても、「3歳までは普通の育児と同じ」と言われたという、驚くべきエピソードを紹介しています。また、「昼間に訪問看護が来ている間にお昼寝したら？」と言われたけ

れど、その時間はやるべきことがたくさんあって、昼寝なんかしていられない実態が書かれています。ある程度事情がわかっていても、家族の生活実態を追体験するというのは至難の業なのです。4章の加藤さんも、「医療的ケア児の保育園入園を優先する」というある市議の提案が、不平等だという理由で却下されています。いわゆる一般の子どもをもつ保護者も、「保活」といって必死に保育園探しに奔走する時代でもあるため、「医療的ケア児だけが保育園入園を優先される」と聞いては、心穏やかにはいられない気持ちも理解できないわけではありません。しかし、「不平等」とは、まさに医療的ケア児とその家族が受けてきたことです。これだけ長年の間、「子育て支援」が声高に言われてきた社会であるにもかかわらず、医療的ケア児に限らず、ハンディキャップのある子どもの子育ては、例えば保育園・幼稚園入園にあたって、ほかの子どもと同じスタートラインにも立てていません。そして関係機関や保育現場も「この子どもの家族のために一緒に子育てしよう」というエネルギーをもちきれない。結果、つながれず、「知らない」ままでいるという悪循環に陥っています（図表5-1）。

●図表5-1　医療的ケア児の保育が実施に向かえないときの循環

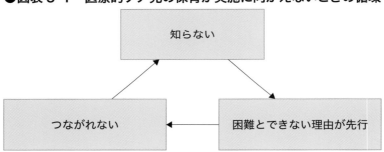

「知らない」ということのもう1つの側面は、2章で紹介したように、医療的ケア児の保育によって生み出される、人と人とをつなげていくインクルーシブな社会への広がりを、まだ知らない自治体や保育現場が多くあるということです。

2）「知らない」ために、医療的ケア児の保育・教育のリスクや負担が大きく印象づけられてしまうということ

　家族の生活実態を知ることなく、子どもに会うこともなく、保育における医療的ケアの内容を学ぶと、保育者には、子どもが入園したときの家族の喜びや希望、子どもの成長など、医療的ケア児の保育のプラスの側面よりも、「医療的ケア」

が「医療的リスク」と共に印象づけられる実態があるように思います。先進的な取り組みを紹介した２章の三鷹市でも、何年か前は「保育所や行政側からは、あれもダメ、これもダメが多かったり、やたら『負担』という言葉が出てきていた」とあります。保育する限り、医療的リスクは全員の子どもが負っているものでもあり、そのための保育上のたくさんの安全管理のマニュアルやルールがあります。ですから、通常の保育は、実は常に医療的ケアの有無にかかわらず、さまざまなリスクと隣り合わせであり、災害からも守っていかなければならない、保育とは本質的にそうした重責をつねに抱えながらの仕事です。だからこそ、「医療的ケア児」という存在は、この文字だけをみると、保育現場にとってはこれまでの安全管理のそのうえに、さらに大きな「負担」を強いられるというイメージが先行し、かつ、大きな危機感を呼び起こしてしまう場合も多いのかもしれません。このことは、どれだけ医療的ケアの知識を学んでも、なかなか前に進むエネルギーがわいてこない大きな理由だと考えられます。子どもを子どもとして知る機会が乏しく、「医療的ケア児」としてしか認識できない場合には、その危機感を乗り越えられるだけの「もの」がないと、踏み出せないのはある意味当然のことかもしれません。

３）保護者のおかれた状況や思い

　三鷹市あきやまケアルームで並行保育をしているれいくんの母親は、最初のうち、医療的ケアはほかの人には任せず、自分が行いたいと申し出た人でした。この人のように、自分の子どもを他人に預ける、ゆだねることに不安を示す人も少なからずいます。わが子が医療的ケアを必要とするという不安、そしてほかの人がわが子に適切に対応してくれるのかという不安、両方の不安があるのだと思います。これは、現在の社会のなかで、保護者が「自分がやらないと」と追い詰められている実態を示しています。

　また、宮副さんは、「生きていくための環境設定で精一杯で、しんちゃんの母子通園や保育について、努力する気力も体力もなかった」と述べています。保育園では、現在、一般的には保護者の勤務実態等がないと入園のための保育を必要とする要件を満たしませんが、例えば24時間体制で子どもの看護にあたる場合、昼間子どもを保育園に預けている間は仕事をしていて、子どもが自宅に帰ってきてからは家事と育児と看護という生活は、どう考えても実現性に乏しいと思います。つまり、保育を求めていても生活に追われて、保育の条件を満たすことができない保護者が実際にたくさんいると推察されます。そのような状況のなかで、仕事をすることや子どもを保育園に入れることを断念していく保護者もかなりの

数いるのではないでしょうか。つまり、保育のニーズが潜在してしまうということも起こっているのだと思います。

3 医療的ケア児の保育を推進できた要因

　以上のように、医療的ケア児の保育を取り巻く実情にはさまざまな壁がありながら、本書で紹介した人達、また、関係機関の人達は、どのように医療的ケア児の保育を推進できたのか、その要因をまとめてみたいと思います。

1）声をあげる人の存在

　「知らない」ことがマイナス要因であることを述べましたが、だからこそ、「知っている」人の声あげが最初の大きなきっかけをつくりました。3章の青森県では、NICU の担当医師であった網塚先生が、この子ども達の在宅生活を地域で支援していく必要性を発信しました。また、三鷹市でも、医師の秋山先生が、医療的ケア児も地域でほかの子どもと同じように保育を受けたいのだ、受ける権利をもっているのだということを、たゆまず伝えてきました。青森県のにじいろ保育園の華奈子先生は、自身の育ちから、医療的ケア児と共に生きることの豊かさを、粘り強く職員に伝えてきました。

　もちろん、保護者が声をあげることの大切さもあります。しかし、宮副さんや加藤さんの経験からは、保護者が単独で声をあげていくことの難しさが伝わってきます。やはり、保護者が地域の人達とつながっていき、地域の人達も共に進めていくことが必要なのだと考えられます。

2）できない理由ではなく、ではどうするかと考える

　医療的ケア児の保育には、看護師や保育者の配置や環境整備等、さまざまな変更や手立てが必要で、しかも一人ひとりの子どものもつ事情が異なるために、こうすればすべての医療的ケア児が保育できるといったものがあるわけでもありません。子どもに応じて、その都度、新たな変更や手立てを生み出すことが必要になってきます。ですから「できない理由」はいくらでも出てきてしまうかもしれません。しかし、そこを使命感と協働性で突破したのが、本書で紹介した人達で

す。

　2章の宮古島のビザライの勝連さんは、「すべての人に対してホスピタリティーを」という発想から、株式会社の立ち上げという新たな発想で、今必要と思われる事業展開を次々に行っていきました。2章の茅ヶ崎市のうーたん保育園の瀬山先生（当時）は、気管切開の子どもを最初に受け入れたときに、看護師のいない時間帯のために、園長と保育者がたんの吸引を実施できる第3号研修を受けました。2章の松戸市のこども園風の丘の甲斐先生は、医療的ケア児が必要なケアを受けながらも、ほかの子どもと一緒に生活できる画期的な園舎づくりを独自に進めました。3章の青森県五所川原市の新宮団地こども園の木村先生は、市からの投げかけに対し、「見切り発車で」すぐに対応するにとどまらず、その後の医療的ケア児の就学後のことも視野に入れながら、教育委員会への懸命な説明を行って理解を促したり、新たに放課後児童クラブを2025年度に立ち上げて、卒園後も地域で子どもと家族がほかの子どもや家族と一緒にいることができ、サポートもできる体制をつくろうとしています。青森県庁の各部署の人達は、家族も園や事業所も困っていると知ると、多職種コンサルテーションチームをつくり、看護師や医療的ケア児等コーディネーターが足りないので、持続可能な養成システムもつくり上げました。

　どれも「できない」と考えてしまえば、その理由はいくらでも出てきたことでしょう。しかし、この人達はそうしなかった。「どうしたらできるのか」と考えて、新たな園、新たな連携、新たなシステムを主体的に創造していきました。

3）人と人とがつながっていく

　そうした主体的で創造的な人達が、地域でつながっていきます。青森県では、多職種コンサルテーションチームの人達、地域で長年相談支援を行ってきた成田さん、県庁の人達がつながりながら、家庭と事業所を二重三重にケアしてきました。そして、一人ひとりの子どもと家族の生涯を見通した、持続可能な地域づくりを、後継者養成をしながら行っています。

　三鷹市では、秋山先生が中心となり、あきやまケアルームのスタッフと共に、園や家族を支え続けてきました。秋山先生は、とにかく「知ってもらう・経験してもらう」ことの重要性から、厚生労働省のモデル事業を受託して、並行保育を始め、その後も三鷹市・武蔵野市に働きかけて重症心身障害児地域生活支援協議会を立ち上げ、より多くの人に知ってもらうために「報告書」を作成し、「報告会」も開いています。それが地域の多くの人達、関係者だけではなく、一般の人達をも動かす原動力になっています。

声をあげた人達がつながりながら、医療的ケア児の保育を推し進め、地域社会をよりインクルーシブに変えていくプロセスは、図表5-2のようならせん状のスロープのようなイメージでしょうか。

●図表5-2　医療的ケア児の保育が実施に向かえるときの循環

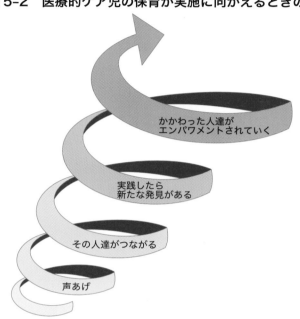

かかわった人達が
エンパワメントされていく

実践したら
新たな発見がある

その人達がつながる

声あげ

4 医療的ケア児の保育が 生み出したもの

　医療的ケア児の保育が何を生み出したのか。何といってももっとも大きいのは、その子ども自身に大きなかけがえのない毎日が始まったことでしょう。どの子ども も、ほかの子どもと一緒にいることがうれしく、社会で生きていくことの喜びと自信を育みます。

　周りの子ども達は、「医療的ケア児」に対してとくに構えることもなく、目の前の子どもとただかかわって友達になっていきます。そして、大事な人生の土台となる時期に、彼らもまたかけがえのない日々を送ります。

　松戸市のこども園風の丘のかずくんは、最期までこども園で友達と過ごすことを選びました。かずくんの友達は、これからの人生のなかでかずくんと共に生き

た日々を思い出し、その時々にその思い出を深め、かずくんが自分に与えてくれたものを抱いて生きていくことと思います。

　三鷹市あきやま保育室の保育者の言葉のように、保育者は「医療的ケア児」という文字ではなく、目の前に子どもが現れると、その子どもの育ちに全力を傾けます。その子ども達から、保育者自身も大いに学びます。医療的ケア児の保育から自分の保育を見直した、宮古島のうららか保育園のユミ子先生のような保育者もいます。

　また、それまで不安のなかにあった「医療的ケア」からも、医療という他分野の知識や経験を得て、自分の専門性が広がり深まること、そしてそれが保育に活かせることも実感できるようになります。同様に、保育現場に入った看護師達も、保育という場の豊かさと専門性を学び、そこにはこれまでにはなかった協働性が生まれてきます。

　さらに、それまでは他人にわが子をゆだねることを難しいと感じていた保護者が、他者もわが子もより信じられるようになり、「一緒に子育てできる」ことの安心をかみしめます。何よりも孤独から救われます。そして、わが子が家族だけではなく、社会から大事にされる経験は、わが子と共に社会で生きる希望を与えます。わが子の、これまで知らなかった力に出会えます。

　周りの子ども達の保護者も、これまで触れたことのなかった子ども達と出会い、わが子がその子どもと何のわだかまりもなく仲よくなり、気持ちをくんでいくことや、わが子こそ医療的ケアの必要な子どもに助けてもらっていることに気づいていきます。

　そこには、わけ隔てない人と人とのつながり、大人も子どもも信頼しあい、支えあえる社会の実現があります。そこでは安心して自分自身でいられ、そのままで尊重される。その根底には、人間の尊厳というものを、大人も子どもも肌で感じられる生活があるからではないでしょうか。

　このような園を、地域の医師や関係機関、自治体職員も協力してつくってきました。園のなかで、医療的ケア児とその家族がしっかりと権利を守られ、ほかの子どもや家族と共に地域での生活を謳歌できている様子は、関係機関や自治体職員の喜びにつながります。それが活力になり、さらに地域をインクルーシブに耕す方向へと、さまざまな人や機関につながっていきます。こうした誰もが尊重される地域社会づくりに主体的に参画していくことで、それぞれの関係機関、関係者が地域を形づくる人とのつながりの重要性と、自分自身がその一端を担っているということの意義を感じることと思います。

5 一人ひとりの主体的な生き方が社会を変える

　今回、さまざまな現場でお話を聞くことができ、筆者らは大いにエネルギーをもらいました。どの人もとても楽しそうに子ども達のことを話してくれます。その表情は生き生きしており、医療的ケア児の保育が、まさに彼らに活力を与えているのだということを伝えてくれました。

　また、医療的ケア児の保育が、その子どもと家族の人生を長期に支える出発点であるということ、つまり、その子ども達と家族が、その地域で彼ららしく楽しく自己を発揮しながら安心して生活できる地域づくりの一歩であるということを、筆者らのインタビューに答えてくれた人達は深く理解していました。実は、青森県の圏域アドバイザー成田さんと、宮古島のビザライ勝連さんが、とても似通ったことを話してくれました。それは「指1本動かせる人なら、その人に合った仕事が生み出せる」というものです。それを話してくれたおふたりはどちらも顔を輝かせており、これはおふたりの大きな夢だということを感じさせるものでした。〇〇ができない、だから支援が必要だ、ではなく、その人はどのような人で、何を望んでいるのか、どのような力があって、その能力はその人の人生をどのように切り開き、花開かせるのか、それを考え、創造していく喜び、彼らの仕事や人生を知って、周りの人は驚くだろう、そしてその人達は、自分の社会や人への価値観を変えていくだろう…、そんな希望までがみえてくるおふたりの笑顔でした。

　今回お話を聞くことができた人達は、皆さん、こういうパワーをもっていました。現実を見据えながらも、「この子と一緒にどんな保育ができるのかな」「こんなシステムがつくれたら〇〇ができるよね」と、未来を楽しみにし、そして切り開いていける力、その力もまた、周りとつながり、周りを巻き込んでいくエネルギーを次々に生み出し、とどまることなく地域を変革していきました。これがまさに、ソーシャル・インクルージョンを実現させたインクルーシブ保育の一つのありようであり、これからの人と人とが当たり前のように生きあう社会づくりに必要とされているパワーといえるのではないでしょうか。

■著者紹介

市川奈緒子　2章1, 3章1, 4章2, 5章

渋谷区子ども発達相談センター　チーフアドバイザー
東京大学大学院教育学研究科博士課程満期退学。児童発達支援センターうめだ・あけぼの学園の心理職を経て、白梅学園大学子ども学部・大学院子ども学研究科教授、2023年3月で退官。専門は、障害児保育、特別支援教育など。児童発達支援事業所や保育所、小中学校等での相談業務に従事。主な著書に、『これからの保育シリーズ3　気になる子の本当の発達支援〈新版〉』(風鳴舎)、『発達が気になる子どもの療育・発達支援入門』[共編著](金子書房)、『保育ナビブック　子ども一人ひとりがかがやく　個別指導計画〜保育現場の実践事例から読み解く』[共著](フレーベル館)などがある。

仲本美央　2章2・4, 3章2・3

白梅学園大学子ども学部子ども学科・同大学院子ども学研究科教授。数か所の保育者養成校教員を経て現職。北海道教育大学大学院教育学研究科修士課程、筑波大学大学院人間総合科学研究科博士課程後期修了。博士(学術)。専門は、保育学、幼児学。子どもの言葉、絵本を読みあう活動などの他に、インクルーシブ保育や医療的ケア児の保育等、保育現場の専門性に深い関心を持って研究活動に取り組む。主な著書に、『子育て支援と保育ママ―事例にみる家庭的保育の実際』[編著](ぎょうせい)、『保育ナビブック　子ども一人ひとりがかがやく　個別指導計画〜保育現場の実践事例から読み解く』[共著](フレーベル館)、『絵本から広がる遊びの世界―読みあう絵本―』[編著](風鳴舎)などがある。

田中真衣　1章, 2章3, 4章1

白梅学園大学子ども学部家族・地域支援学科准教授。子育て家族支援SomLic 代表。
英国 Oxford Brookes 大学院社会政策学専攻、上智大学大学院総合人間科学研究科社会福祉学専攻博士後期課程修了。博士(社会福祉学)。日本赤十字社、厚生労働省社会・援護局障害保健福祉部障害福祉課障害児・発達障害者支援室の障害福祉専門官を経て現職。専門は、社会政策、子育て家族支援。主な論文、著書に、「医療的ケア児に関する国の施策」『地域保健』2017年9月号(東京法規出版)、『パートナーシップ政策―福祉サービス供給における行政とNPOの関係』(みらい)、『感情にふり回されない子育て―親子が変わる〈SomLic ペアレント・トレーニング〉』(佼成出版社)などがある。

医療的ケア児の保育
実践から学ぶ共に育ちあう園づくり

2024 年 3 月 20 日　発行

著　　者 ———————— 市川奈緒子・仲本美央・田中真衣
発行者 ———————— 荘村明彦
発行所 ———————— 中央法規出版株式会社
　　　　　　　　　　〒 110-0016　東京都台東区台東 3-29-1 中央法規ビル
　　　　　　　　　　Tel 03-6387-3196
　　　　　　　　　　https://www.chuohoki.co.jp/

印刷・製本 ———————— 株式会社太洋社
装幀・本文デザイン —— 株式会社タクトデザイン
本文イラスト ———————— どこ ちゃるこ

ISBN978-4-8058-8992-3
定価はカバーに表示してあります。

本書の内容に関するご質問については、下記 URL から「お問い合わせフォーム」にご入力いただきますようお願いいたします。
https://www.chuohoki.co.jp/contact/